励志读物 名人传记

孔子传

"世界十大文化名人"之一，儒学创始人

成长关键词 ➡ 勤奋、博学、重礼仪

周爱农 ◎ 编著

成都地图出版社

图书在版编目（CIP）数据

孔子传 / 周爱农编著. -- 成都：成都地图出版社，2018.4 （2022.4重印）
ISBN 978-7-5557-0866-7

Ⅰ.①孔… Ⅱ.①周… Ⅲ.①孔丘（前551-前479）—传记—青少年读物 Ⅳ.①B222.2-49

中国版本图书馆CIP数据核字(2018)第051894号

孔子传

KONGZI ZHUAN

| 责任编辑：魏小奎 |
| 封面设计：吕宜昌 |
| 出版发行：成都地图出版社 |
| 地　　址：成都市龙泉驿区建设路2号 |
| 邮政编码：610100 |
| 印　　刷：唐山富达印务有限公司 |
| （如发现印装质量问题，影响阅读，请与印刷厂商联系调换） |
| 开　　本：710mm×1000mm　　1/16 |
| 印　　张：8　　　　　　　字　数：120千字 |
| 版　　次：2018年4月第1版 |
| 印　　次：2022年4月第4次印刷 |
| 书　　号：ISBN 978-7-5557-0866-7 |
| 定　　价：39.80元 |

版权所有，翻印必究

导读 >>>>>>
Introduction

Kongzi
孔子

孔子（前551—前479），姓子，以孔为氏，名丘，字仲尼，鲁国陬邑（今山东曲阜东南）人。先世是宋国贵族，我国春秋末期著名的思想家、政治家和教育家，儒家学派的创始人，世界著名的文化名人。孔子是当时社会上最博学的学者之一，在世时就被誉为上天宠爱的圣人、上天降下的警钟，后世尊他为"至圣先师""万世师表"。孔子和他创立的儒家思想对中国和世界都有着深远的影响。

孔子生活在一个礼崩乐坏的年代。那时典章制度逐渐被废弃，井田制逐步解体，各诸侯国则渐渐拥有了自己的军队，征战不已，各诸侯、卿大夫乱用礼乐的现象十分普遍，只有鲁国作为"礼仪之邦"是以礼治国的样板，情况稍好。这也是后来孔子游历诸侯各国，宣扬治国之道的背景。他一生的经历与他的思想的形成密不可分。他年轻时因办学而声名鹊起，后来在鲁国做官，主管过一国的司法工作，离开鲁国后周游列国，在各国基本上也都受到礼遇。也正是在学习、游历、思考中，他形成了"仁""礼""中庸"等思想体系，也就是后来的儒家思想的核心。他教育人们讲修养，讲伦理道德，讲社会秩序，不走极端，最终追求人与自然、人际关系、治国之道等各个方面的和谐。

孔子还是位大教育家，他创办过私学，这是极具里程碑意义的事情。他所主张的"有教无类""因材施教"等教育思想闪动着智慧的光辉，对现世的教育也产生着极大的影响。

孔子是一个豁达、灵活变通的人。他提倡举一反三，因材施教。比如，对于性格鲁莽的人，他告之以"三思而行"；但对优柔寡断的人，他则鼓励"再思可也"。他虽然德高望重，却有不耻下问的态度，学而不厌。有书记载他曾经向郯子请教官职名称、向苌弘和老子请教音乐方面的事情。孔子的优秀品质是他取得巨大成就的重要因素，这些事迹很值得我们学习。

孔子门下有三千弟子，很多弟子在当时的各国掌握大权。总之可以说，无论是在思想上、教育上，还是在政治上，孔子都是当时社会的风云人物。他的思想主要见于《论语》一书，这是关于孔子及其弟子言行的记录，也是儒家思想的经典。儒家思想后来一直在中国居于正统主导地位。在后世，除了少数政治动乱的时代，孔子一直是我们国人心中智慧、高尚的代表，其思想更是受到无比的尊敬和崇拜，甚至有时候他的儒学文化也被奉为神学。不仅是在中国、在东亚甚至全世界，孔子都有着深远的影响。

在近代，由于西方列强的入侵，中国处于弱势，有些思想激进的人认为儒家思想是中国落后的总根源，提出"打倒孔家店"，以至于孔子和儒学受到了一些责难。但今天，随着中国的崛起，国势重新强盛，中国人恢复了文化的自信。于是，孔子和儒学又重新受到了人们的礼敬。

　　孔子在我们中国人心中是占有重要地位的，以孔子为代表的儒家传统文化是永远不会过时的。中国人不能丢掉传统，不能丧失自己的精神家园！

目录 Contents

第一章 孔子出世

孔子先人 ………… 2
孔子双亲 ………… 5
圣贤出世 ………… 8
孔子童年 ………… 11

第二章 少年孔子

十有五而志于学 ………… 17
孔子葬母 ………… 20
士宴受辱 ………… 22

第三章 青年孔子

创办私学 ………… 28
洛邑之行 ………… 31
拜访老子 ………… 33

第四章 仁礼治国

晏婴与孔子 ………… 39
从礼到仁 ………… 43

第五章
孔子仕鲁

从中都宰开始 …… 48
大司寇 …………… 50
夹谷会盟 ………… 53

第六章
周游列国

初入卫境 ………… 59
匡、蒲受阻 ……… 63
子见南子 ………… 66
宋国之行 ………… 69

第七章
思乡之情

陈国待召 ………… 74
克服饥饿 ………… 77
孔子与叶公 ……… 80
重返卫国 ………… 83

第八章
孔子之卒

丧子之痛 ………… 88
爱徒之死 ………… 91
圣人长逝 ………… 94

第九章
思想长存

孔门十哲 ……… 100
其他弟子 ……… 105
孔子的影响 … 109

名人年谱 ……… 115

第一章

Kongzi

孔子出世

> 父母在，不远游，游必有方。
> ——〔春秋〕孔 子

▶ 孔子先人

要说孔子不姓孔,一定让人大吃一惊吧!

严格说起来,孔子还真的不姓孔。我们常说"姓氏",现在就是指某人姓什么,其实在古代,尤其是在远古,姓和氏并不是一回事。孔子应该姓子,以孔为氏。而对现在来说,姓、氏不分,所以说孔子姓孔,也并不为错。

上古时,华夏仅有二十二个姓,有姓的都是贵族,普通劳动者或下层人民都是有名无姓,但是可能有氏,地位名望、职业、特点等皆可以当成氏。例如:"弈秋",就是那个叫"秋"的棋手;"巫方",就是那个叫"方"的巫师。也有的"名"外还有"字",如"公输般",就是一位名叫"般",字是"公输"的木匠。他没有姓,但因为是鲁国人,所以又称为"鲁般"或"鲁班"。

那为什么说孔子姓子呢?大家都知道《封神榜》的故事吧,里面有个纣王,他是殷商的末代天子,他们家族自然是贵族中的贵族了,所以他们有姓,就是姓子。纣王有两个哥哥,一个叫微子启,一个叫微仲衍(yǎn),自然也是姓子了。周武王伐纣后,殷商灭亡了,微子启投降了周,周武王就把微子启封到了宋这个地方,微子启就成了宋的始祖。微子启死后,他的弟弟微仲衍接替了他的位置,这个微仲衍就是孔子的十四世祖。

在从微仲衍到孔子的这十四代里,孔子的先辈们没有辱没"子"这个姓,出了好几位圣人、贤士,所以我们常说,孔子是圣人的后代。

首先值得一提的是孔子的十世祖,名叫弗父何。弗父何是宋湣(mǐn)公的长子,按照当时的继承传统,长子应该继承宋湣公的事业，但是这个宋湣公可不管这一套，死后没有把君位传给儿子，而是传给了弟弟炀公。

弗父何对这件事表示沉默，可是，他的弟弟鲋祀不乐意了，一怒之下杀掉了叔父炀公，并且要立哥哥弗父何为正统，弗父何还是推让，表示不能接受，鲋祀便自立为君了，这就是宋厉公。在这次事件中，弗父何有两次不凡的表现：一次是不与叔父争位，一次是让位给弟弟。在古代，让位即让国，是受人称颂的高尚之举，被认为是圣人之事。

弗父何不接受争夺中的位子，表现出了淡泊名利的高尚品质，赢得了千古美名，但是，也让其家族由诸侯转变成了卿大夫，政治地位有所下降。

到了孔子的七世祖正考父的时候，正考父因为才能出众，地位才有所显赫起来。

正考父是个了不起的人。他具有很高的文化水平和艺术才能，他不仅爱好历史文化，也精通礼乐。据说，《诗经》中的《商颂》部分就是由他校订整理的。现在有《商颂》五篇流传下来，是宋国祭祀祖先的乐歌，歌颂了祖先承天有命、威武建国的历史功业。

除此之外，正考父还凭借谦恭、俭朴的品质受到世人的推崇。正考父曾连续辅佐宋国的三位君主——戴公、武公、宣公，都是总理级别的职位，权高势重，地位显赫，然而，他不但没有骄傲自满，反而愈加谦恭俭朴。据记载，正考父在一只鼎上自制了铭文，写道："一命而偻，二命而伛，三命而俯。循墙而走，亦莫余敢侮。饘（zhān）于是，鬻（yù）于是，以糊余口。"

他的意思是说：我接受过三位国君的任命，我的地位一次比一次巩固，威望一次比一次提高，我却一次比一次谦恭。第一次任命后，我在人面前总是低着头；第二次任命后，我在人面前总是鞠着躬；第三次任命后，我在人面前总是弯着腰。连走路也是小心翼翼地靠着墙边快走，然而谁也不敢侮辱我。我用这只鼎煮粥，也用这只鼎吃粥，以此充饥糊口罢了。

正考父之所以在鼎上刻下铭文，就是为了留下来提醒他的后世子孙牢记谦恭节俭。这只鼎后来成了孔氏的传家之宝。

那么孔子为什么氏孔呢？这得从孔子的六世祖孔父嘉说起。原来按照周的礼仪制度，大夫不得认诸侯为祖。周礼认为，五代亲情就尽了。因为孔子的十世祖弗父何的高风亮节，他们家族从诸侯降为了卿大夫；到了孔子的六世祖孔父嘉，孔父嘉的五世祖是宋湣公，湣公至孔父嘉时五世亲尽，别为公族，于是他的后代以孔为氏。

这个孔父嘉的运气就比较差了。他名嘉，字孔父，在宋做官，做到了大司马，掌管国家军事，深得宣公信任。宋宣公快死的时候把位子让给了弟弟穆公。穆公在位九年，将死，嘱咐孔父嘉把君位还给宣公的太子与夷，孔父嘉就拥立了与夷，这个与夷就是宋殇公。殇公在位的时候，年年打仗，搞得民不聊生。

孔父嘉的妻子非常漂亮。一天，她外出游玩，被太宰华父督撞见，华父督是好色之徒，两眼直勾勾地盯着她走来，忍不住脱口而出："真乃绝色女子也！"就这样起了坏心，还把孔父嘉杀死，霸占了孔父嘉的妻子，声称是为了安定人心。殇公为此很生气，华父督又杀死了殇公，从郑国迎回穆公的儿子子冯，立他为国君，这就是庄公。

因为宋国的政治环境非常恶劣，加之受到了华父督的打击，孔父嘉之子木金父避乱逃离了宋国。因为鲁、宋两国公族之间世代有婚姻之亲，可能孔家在鲁国有亲戚，所以全家人都迁居到了鲁国，之后孔氏一族就一直在鲁国繁衍。这时候孔家的政治地位进一步下降，从卿大夫降到了士，彻底成为了没落的贵族，其后人只能为鲁国贵族做家臣了。

孔丘的曾祖父是孔防叔，就是鲁国贵族臧孙氏的家臣。"叔"是指行次（以伯仲叔季为顺序），"防"是臧孙氏的封地，孔防叔曾任防邑的宰，就是总管，所以称"防叔"。

孔防叔的儿子叫孔伯夏，伯夏的儿子叫孔叔纥，又称叔梁纥，简称"孔纥"，此人就是孔子的生父。

▶ 孔子双亲

来到鲁国后,孔子的先祖定居在陬(zōu)邑(今山东曲阜东南)尼山脚下的一个小村落。因为政治地位的直线下降,到叔梁纥的时候,孔氏已经没落得不成样子了,不过叔梁纥倒是一个人才,为没落的孔家挣回来不少面子。

叔梁纥,由于居住于陬,所以文献中也称陬梁纥、陬人、陬叔纥,为陬邑大夫,以勇力闻名于诸侯。

叔梁纥是个大个子,而且力大无比。《左传》记载了这样的一件事,鲁襄公十年(公元前563年),鲁国派孟献子率军参加以晋国为首的联军,攻打今江苏邳县西北一个叫偪(bī)阳的小国。叔梁纥作为鲁国贵族孟献子属下的武士,也参加了作战。这个小国的军队指挥官很有计谋,为了诱敌深入,决定大开城门,先放诸侯军进城。就这样,正当诸侯大军鱼贯而入时,偪阳人突然将悬着的城门放下来,想将入城的队伍拦腰截断,分割包围,各个击破。俗话说,"天塌下来有高个子顶着"。果然如此,城门落下来真有高个子顶着,而且是有臂力的叔梁纥。他冲上前去,用双手托住了即将下落的城门,使

孔子父亲叔梁纥

成长关键词 ▶ 勤奋、博学、重礼仪

已进城的兵士得以安全退出，避免了一场大的伤亡。叔梁纥不仅个子高、力气大，而且作战十分勇猛，《左传》记载了另外一件事，在鲁襄公十七年（公元前 556 年）秋天的时候，齐军入侵鲁国北部边境，齐军的将领高厚带领的部队围困了防邑，被围困在防邑的有鲁国大夫臧纥和他的弟弟臧畴、臧贾等，叔梁纥也在这里面。鲁国派去增援的军队走到一个叫旅松的地方，由于害怕齐军的强大，就停滞不前了。这使被包围的臧氏兄弟很着急。为了保护臧纥的安全，叔梁纥就和臧畴、臧贾率领带甲之士三百人，乘夜间突围，护送臧纥到旅松鲁军的驻地，然后又返回防邑坚守城池，直到最后迫使齐人退兵。

　　尽管叔梁纥两次立功，但因为他不是鲁国的世袭贵族，只不过是外地流浪来的，所以终生不过是个陬邑宰（或称陬邑大夫），就是这个小村落的总管，论爵位的话，只能算是一个武士。

　　在鲁襄公十九年（公元前 554 年），防邑之战结束后，叔梁纥由战场得胜归来时，已六十多岁了。夫人施氏一生共生了九个孩子，都是女儿。叔梁纥的妾则生了一个儿子叫孟皮，"孟"是排行老大的意思，"皮"就是"跛"的意思，是个残疾儿。按照当时的习惯，九个女儿都不能继嗣，有残疾的儿子也不能继嗣。不久，孟皮的母亲离开了人世。这使年迈的叔梁纥陷入了深深的忧虑中。贤惠的夫人对叔梁纥说："我也年逾六旬，不能为夫君留下子嗣，心里甚是不安。如今夫君也已年迈，已经没有时间再拖下去了。我听说三十里外有家姓颜的先生，家有三个女儿，都尚未婚嫁，不如夫君向颜先生求婚，好添个儿子延续香火，也不辜负了天意祖宗。我年纪大了，也跑不动了，如今彩礼已备好，辛苦夫君亲自去一趟了。"叔梁纥见贤妻一片真心，心里十分感激，便带上备好的聘礼，驱车三十里来到颜家求婚。

　　原来在离陬邑不远的地方有一位叫颜父的老先生，也是品学兼优、闻名乡里、深孚众望的长者。他膝下无子，却生了三个才貌出众的女儿。虽已到婚配年龄，可都未出嫁。原来颜老先生对嫁女十分开明，每当媒人上门说亲，他总是尊重女儿自己的选择。

这样挑来挑去，竟一个也未选中。

关于叔梁纥向颜氏求婚之事，《孔子家语》记载得非常详细。颜老先生对叔梁纥的人品身份也早有所闻，暗想叔梁纥的祖宗代代都是积善之家，所以预料他家的子孙一定会兴旺，也定会出大圣人，就决定将女儿许配给叔梁纥。于是在客厅热情接待了他，并且双手握住叔梁纥的手说："将军为人，我十分敬佩，请将军回去，我去做孩子们的工作，请放心就是。"

叔梁纥走后，颜老先生对他的三个女儿说："陬邑宰是世间大英雄，让人敬服啊！陬邑宰的父亲和爷爷辈虽然不是王公大臣，但他们的祖祖辈辈是显赫的王族血统。而且他本人身高九尺有余，臂大腰圆，十分魁伟健壮，武功当世无双。"颜老先生接着说，"现在，陬邑宰生有九女不能继嗣，虽有一子，但有残疾。如今托人准备聘我家女儿为妻，也是我颜家的光荣。陬邑宰实在没有别的毛病，就是年龄大了些，性格严肃了些，我看这都不算毛病。"颜老先生一口气把话说完，最后用征询的口气问，"你们三个谁愿意嫁给陬邑宰为妻？"

颜父说完后，大女儿、二女儿都低下了头，沉默不语。小女儿颜徵在还不到二十岁，正是情窦初开的年纪，也非常懂事，对父亲的话反复考虑，见两个姐姐都不同意，便对父亲说："孩子应该听从父亲的话，不必要征求我的意见。"颜老先生非常激动地说："徵在是父亲的好孩子啊。"

孔子的母亲颜徵在

颜徵在虽然容貌一般，但为人善良，知书达理，聪明伶俐。叔梁纥等来了好消息后，立即欢天喜地地派人去颜家下了聘礼，很快就把颜徵在迎娶到家。这就是后来中国古代大思想家、大教育家孔子的生身母亲。

▶ 圣贤出世

尼山，原名尼丘山，后来为了避孔子讳而改称为尼山，位于曲阜市东南三十公里，主要山峰有五座，五峰连峙，主峰海拔三百四十余米，中峰称为尼丘。这里风景宜人、绿树浓荫。现在尼山以孔圣人的发祥地而知名，真是"山不在高，有仙则灵"了。

传说结婚以后，叔梁纥曾经带着妻子来到尼山，祈祷神灵赐给他们一个儿子。后来孩子就在尼山东南的一个山洞里降生了，所以他们给孩子起名孔丘，字仲尼。那天是周灵王二十一年，鲁襄公二十二年（公元前551年）夏历八月二十七日。年近古稀的叔梁纥自然是高兴得不得了，他在乡间大摆酒宴，庆贺自己实现了晚年最大的愿望。这个叫"丘"的小男孩，就是后来成为中国历史上伟大的思想家、政治家和教育家的孔子。

关于孔子出生时的情况，由于年代久远，加之这方面史料很少，我们知道的并不多，很多情况只有通过结合资料加以推测了。

据司马迁《史记·孔子世家》记载："纥与颜氏女野合而生孔子。"这话是什么意思呢？难道孔子是私生子？众所周知，《史记》向来以忠于史实而著称，司马迁的话是值得信赖的，更何况司马迁在写《孔子世家》前曾去过曲阜进行实地察访，从孔子乡亲邻里的后人中得知了很多有关孔子的实际情况，所以这句话肯定是有根据的，但是"野合"二字究竟是什么意思呢？

现在有三种看法。一种看法认为，颜家的三女儿颜徵在公元前552年成为叔梁纥的妻子，因为是老夫少妻，匆匆成婚，并且礼仪也不够完备，是"非礼"之举，所以被司马迁说成是"野合"的婚姻，这种说法自然是有道理的，但是也有为伟大的人避讳的嫌疑。第二种看法认为，当时男女贞操观念虽已形成，但相对宽松，远未达到后世的高度。据史料记载，当时的礼仪规定每年春天的某一特定时间，比如在仲春之月的社祭或社会上，男女可以野合生子，这一礼仪可最大限度地增加当时的人口，提高国力，所以，野合生子是很正常的行为，因此我们绝对不可由此认为孔子父母有道德缺陷。最后一种说法认为孔子的父亲叔梁纥是个坏蛋，仗势霸占了少女颜徵在，这种说法就不大可信了。

孔子呱呱坠地

不管怎么说，"野合而生"并不影响孔子的伟大。

关于孔子出生时的情况也有很多传说，非常有趣。有的野史说，因为叔梁纥怕大老婆妒忌心太重，对颜徵在不利，所以在颜徵在产前就替她在村里另找了房子，在那里生下了孔子。又有一种传说是，在孔子出生的那天，叔梁纥夫妇曾第三次去尼山祈祷。回来时半路上颜徵在腹痛难忍，当即停下来，而叔梁纥则飞奔下山去唤人拿东西准备接生。颜徵在当时口渴，发现不远处有水井一口，便小心走过去喝水，因为没有打水的工具，喝不到井里的水，所以她就扶着井圈说："要是能翻倒就好了。"神奇的是井圈竟然自动翻倒，泉水流了出来，解了她的渴，这井便是当今鲁源村附近的"扳倒井"，流出的水汇聚成溪，成了现在的"智源溪"。喝完水后颜徵在便在一片草地上生下了孔子。据说每到深秋，此处草坪殷红如血。而叔梁纥回来后发现孔子面目丑陋无比，脑顶下陷而四周隆起，就非常厌恶，把他扔在地上不管，后被两只母老虎衔入一个山洞抚养，这个洞便是尼山的"坤灵洞"，又叫"夫子洞"。

那么孔子为什么要名"丘"呢？司马迁在《史记》里说"祷于尼丘而得孔子"，看来孔子的名字还是与尼丘山有关。但是《史记》里又记载，孔子刚生时头上脑顶下陷而四周隆起，形状就跟丘陵一样，所以才被命名为"丘"。看来司马迁也没有把握说清楚孔子为什么要名"丘"，所以把两种说法都记载了下来。

古人到了二十岁左右就会取字，古人的字与名有着密切的联系，字往往是名的解释或补充，二者互为表里。孔子，字仲尼，仲是老二的意思。因古代习惯把兄弟排行用伯仲叔季来表示，孔子排行老二，所以字仲尼。孔子的那个残疾的哥哥，因为是老大，所以叫孟皮，也是这个道理。除了这个"仲"字，尼和丘联系的话，说明孔子名丘的丘还是来自尼丘山的可能性比较大。

那孔子的"子"字又是怎么来的呢？春秋时期，奴隶主贵族的家臣习惯称自己的主人为"子"，可由于孔子的成就和声望，他的学生也尊他为"子"。等到后来，孔子的亲传学生也大多收了学生，他们也被学生尊为"子"。为了区别究竟是哪个"子"，人们开始把孔丘称为孔子、把孟轲称为孟子等。再后来，"子"字衍生出了老师、先生的意思。

说了这么多不确切的事，但有一点是确定的，那就是孔子的身高。

司马迁在《史记》里说："孔子长九尺六寸，俗谓长人而异之。"就是说孔子有九尺六寸高，给人的第一印象就是高，格外显眼。那么九尺六寸有多高呢？以现在的尺寸来看，有 3 米多了，这显然是不可能的。原来，古代的度量制和现在很不一样，古代的一尺要比现在的一尺短多了，九尺六寸合算下来，应该在现在的 1.90 米至 1.95 米之间。这拿现代的标准来看，也是个高个子了，何况古时候，因为遗传、营养、负重等因素，人们的身材普遍矮小，所以依孔子的身高，走到街上，回头率一定是很高的。

"世界十大文化名人"之一，儒学创始人

▶ 孔子童年

孔子的童年，并不是一个快乐的童年，而是充满了不幸和艰辛。但是，孔子不仅坚强地成长起来，而且学到了很多知识，当然最重要的是，他养成了勤奋刻苦的品质。

叔梁纥老来得子，自然是非常快乐，但是岁月不饶人，他毕竟已是个将近七十的老人了。孔子三岁时，叔梁纥一病不起，很快就撒手归天了。孔家的人口比较多，正妻生了九个女儿，二房有个瘸腿的儿子，再加上颜徵在这个偏房带着才三岁的孔子，这么多人住在一起，关系复杂，是非多，何况还有一个继承家产的大问题，所以可以想见其中的矛盾。

孔子的父亲叔梁纥和母亲颜徵在的结合是不符合当时的礼制的，所以颜徵在在家中的地位是比较低的。这时候，颜徵在选择了离开，她不仅带走了孔子，还带走了那个死了母亲的瘸腿孟皮。他们孤儿寡母一行从陬邑来到了鲁国国都曲阜城内的阙里，从此开始独立谋生，过起了贫贱而清苦的生活。

颜徵在这位母亲是很伟大的，从她带走孟皮这件事就可以看出来。一个死了母亲的家中长子，一般是不为后母所容的。但是颜徵在没有不容，更没有嫌弃，而是富有同情心地把他带走，将其抚养长大，其高尚的情操是值得赞美的。

来到曲阜城内的阙里后，颜徵在靠自己纺线织布，种粮种菜，饲养禽畜来艰难度日。这里离颜徵在的娘家比较近，应该也受到了颜家的一些帮助，但生活的艰辛是肯定的了。

孔子从小就深深体会了生活的艰辛，也看到了母亲为抚育自己成长而付出的汗水和泪水，所以，一直以来，孔子特别注重孝

成长关键词 ↓ 勤奋、博学、重礼仪

道，这与他个人的生活经历有密切的关系。为了减轻母亲的负担，为了抚慰母亲孤苦的心灵，孔子很小就开始帮着母亲干活，挑水、打柴、种菜、放牧，凡是他能干的活儿都抢着干。后来，他多次对自己的学生说，"少也贱，故多能鄙事"，意思是说，因为我少年时期家境贫寒，所以许多达官贵人认为鄙贱的事我都会干。

孔子的母亲是一位了不起的母亲，不仅表现在她的善良、勤劳上，还表现在她对孔子的教育上。在这样一个家庭，可以想象颜徵在对孔子的期待是多么深切，这个伟大的母亲暗下决心一定要把儿子培养成一个受人尊敬的有学识、有教养的人。如果说离开复杂、落后、冷漠的大家族，来到礼乐文化繁盛、学习氛围浓郁的都城是颜徵在走出的关键的第一步，那么教孔子学习"礼"则是最重要的第二步。《孔子世家考》里说："圣母豫市礼器，以供嬉戏。"就是说孔子小时候，颜徵在就把礼器当成玩具给他玩耍。

《论语·卫灵公》里有这样一段话："孔子对曰：'俎（zǔ）豆之事，则尝闻之矣；军旅之事，未之学也。'"（孔子回答说："俎豆的事情，我还知道一些；行军打战的事，没有学过。"）对于这段话，司马迁在他的《史记·孔子世家》里理解为："孔子为儿嬉戏，常陈俎豆，设礼容。"就是在说孔子小时候是怎么玩耍的，他经常把祭祀时存放供品用的方形和圆形的俎豆等祭器摆列出来，练习磕头行礼。

关于"俎"，在过去有两种意思：一种意思是我们知道的"人为刀俎，我为鱼肉"里面的"俎"，指的是切肉或切菜时垫在下面的砧板。而用在这里，则指的是另外一种意思：本义是供祭祀或宴会时用的四脚方形青铜盘或木漆盘，常陈设牛羊肉——后来就成为古代祭祀时放祭品的方形器物的专属称谓。

而"豆"，在过去，可不是指现在的绿豆啊、黄豆啊，而是指古代一种盛食物的器具，形状像带高座的盘子。商周时期，多为礼器，经常与"俎"和"鼎"合用。

看完这些，我们就知道了，孔子小时候就玩这些！

原来，此时的孔家离鲁国的宗庙很近，每当宗庙里举行祭祀的时候，颜徵在都要带上年幼的孔子前去观看。小小年纪的孔子充满了好奇心，睁大眼睛入神地观看着这神圣的祭祀仪式。此时的他，小脑袋里也许在想下面的问题：这些成年人干什么呢？他们为什么要干这些事啊？为什么神情都如此的庄重呢？天长日久，很自然地，年幼的孔子就把这些神圣的祭祀仪式的程序和祭祀仪式所用的礼器都烂熟于心了。

俎

当然，看还只是个开头，学还是要学的——模仿，这是孩子们的另外一个天性嘛。于是，年幼的孔子便常常邀来邻家的孩子们，演练他在宗庙里看到的全套祭祀礼仪。

童年的孔子不仅选择了一个正确的发展方向，同时也养成了勤奋刻苦的好习惯。他之所以能成为一代伟人，和他小时候的刻苦勤奋是分不开的，正所谓"天才来自勤奋"。孔子的母亲在他刚刚三岁的时候，就教他读书识字，到四岁的时候，他已会念百余字了。

关于孔子学字的故事有一个流传很广的版本：

有一天，孔子的母亲问他："昨天我教你的字会背了吗？"

孔丘说："都记住了。"

母亲说："那好，明天一早我考考你。"

孔子睡觉是和哥哥孟皮在一起的。这天晚上，他钻入被窝后对哥哥说："哥哥，母亲教给你的字都记住了吗？"

哥哥道："记得差不多了。你呢？"

孔子说："我已经练了多遍，记是记住了，但是记得不熟，明天一早娘要考我，万一答不上来，娘一定非常伤心和难过。不行，我一定要起来再多练几遍。"

哥哥看他这么孝顺母亲、刻苦学习，心疼地说："天气凉了，别起来练了，就在我的肚子上写吧。我能觉出对错来，也好对你写的做个检查！"

于是，孔子就在哥哥的胸口上写了起来。他每写一字，就轻轻地念出声来，后来这声音越来越轻，最后睡着了。

第二天一早，母亲测试他时，他一遍就通过了。颜徵在惊喜地说："这孩子真神了，前天教了他那么多字，只过了一天，就如此滚瓜烂熟，将来准能干大事啊！"

孔子望着母亲欣喜的面容，高兴地笑了。只有站在他旁边的哥哥知道，这样的成果背后，更多的是源自刻苦学习的精神。

名人名言·宽容

1. 泰山不让土壤，故能成其大；河海不择细流，故能成其深。

   ——〔秦〕李　斯

2. 如烟往事俱忘却，心底无私天地宽。

   ——陶　铸

3. 生活是欺骗不了的，一个人要生活得光明磊落。

   ——冯雪峰

4. 宽容是互赠的礼品。

   ——俞吾金

5. 不会宽容别人的人，是不配受到别人宽容的。

   ——［俄］屠格涅夫

6. 一个伟大的人有两颗心：一颗心流血，一颗心宽容。

   ——［黎巴嫩］纪伯伦

7. 紫罗兰把它的香气留在那踩扁了它的脚踝上，这就是宽恕。

   ——［美］马克·吐温

8. 宽容就像天上的细雨滋润着大地。它赐福于宽容的人，也赐福于被宽容的人。

   ——［英］莎士比亚

9. 宽容是文明的唯一考核。

   ——［美］海尔普斯

10. 宽容精神是一切事物中最伟大的。

    ——［英］欧　文

第二章

Kongzi

少年孔子

敏而好学,不耻下问。

——〔春秋〕孔　子

▶ 十有五而志于学

孔子自述生平时，开门见山地说："吾十有五而志于学。"意思就是说，孔子他十五岁时的志向是学习。在现在，十五岁应该是初中升高中的年龄，对好些孩子来说，正是最叛逆、最贪玩、最反感考试的时候，是什么原因让这个年龄的孔子立下以学习为主的志向呢？为什么立志求学在他看来是人生的出发点呢？

在孔子的少年时代，对他影响最大的人是他的母亲颜徵在。正如前文中所说，颜徵在是一位善良的贤母，离开陬邑孔家后，在曲阜城内靠做手工活维持着母子三人的生计，生活的艰辛可以想见。俗话说，穷人的孩子早当家，孔子理解母亲的艰辛，自然珍惜学习的机会，并愿意好好学习来回报母亲。

孔子的母亲颜徵在是大户人家出来的，懂得一些诗书之礼，知道要出人头地，必须读书。她也认得一些字，于是把自己认识的字慢慢教给了孔子，并鼓励孔子刻苦学习。到了接受启蒙教育的年纪，孔子也跟着到乡村学校就读。这种学校大都在秋收之后的农历十月上课，教一些基本的文化常识和礼俗，也教一些射箭、驾车、骑马的技能。

那么孔子究竟学了哪些本领呢？

当时的年轻人，主要学习六门学科，这六门学科被称作"六艺"，即礼、乐、射、御、书、数。

礼指的是礼节，就是当时的社会规范和行为守则。当时称为五礼，主要包含以下五种礼节：吉礼、凶礼、军礼、宾礼、嘉礼。乐指的就是音乐，称六乐，主要包含以下六种古乐：云门、大成、大韶、大夏、大镬（huò）、大武。射指的就是射箭的技术，主要

成长关键词 ➡ 勤奋、博学、重礼仪

包含以下五种技术：白矢、参连、剡注、襄尺、井仪。御指的就是驾驭马车的本领，主要包含以下五种本领：鸣和鸾、逐水曲、过君表、舞交衢（qú）、逐禽左。书指的就是识字写字的能力。数指的就是计数法，有"九数"，是指"数"这门功课有九个细目：方田、粟米、差分、少广、商功、均输、方程、赢不足、旁要。总之，六艺包括了社会科学和自然科学的各个方面，既有制度文化，又有音乐文化、体育文化、文字、数学等。

学到这些知识后，孔子十五岁左右了。这时候孔子没有机会继续深造，没有资格上大学（贵族学校），因为他的身份不是贵族。那么怎么办呢？他向人请教、自己学习、自己体会。

卫国贵族公孙朝曾经挖苦地问孔子的弟子子贡："孔先生究竟在哪里上过学？"子贡回答："文武之道并没有消失。对人来说，高明者自能学得大道，不高明者也能学习小道。孔子在哪里不能学习？难道还非要有专门的老师吗？"

后世说，孔子学无常师。他自己也说：其师无所不在，"三人行，必有我师焉"。确实，孔子并没有像当时多数贵族子弟那样，进入贵族"国子"学堂，而是毕生坚持着自学，自我修养。他负责做仓库货物的会计工作，继续学习数学知识。他负责牧场的业务，学习养殖技术。他参加各种祭礼，学习礼仪，甚至作为"胥相"而为人主持丧仪。他善于驾驭马车，会使用弓箭等武器。他虚心拜师，学习音乐演奏，不仅善鼓琴而且知音律，甚至能从妇女的哀哭声中会意出曲调的格律。

事实上，孔子平生还参拜过许多名师，见诸文献的就有郯（tán）子、子产、老聃（dān）、孟苏夔（kuí）、老莱子、苌（cháng）弘、靖叔、师襄子等。这些人都是当世名人，当时贵族阶级中的佼佼者和长者。

孔子不仅刻苦勤奋，也很用心，在学习的过程中总结出了许多学习方法，这些方法不仅帮助孔子更好地学习知识，也为他后来的教育理论奠定了基础。怎么解决学习中的疑难问题？不耻下问。怎么解决对待知识的问题？学如不及。怎么做到勤奋好学？学而不厌。怎么解决扩展视野的问题？择善而从。怎么解决思考的问题？学思结合。怎么解决学习中骄傲自满的问题？多问于寡。怎么解决知识积累的问题？温故知新。怎么解决学习中自律的问题？见贤思齐。怎么解决学习目的的问题？学以致道。

　　孔子能成为大学者，成为一代伟人。一方面和他自己的刻苦学习是分不开的，一方面还得益于当时的官学下移。

　　原来，春秋以前，所有的史籍都由官府掌管。主持祭礼的祭司和记录掌管史料的史官都是为宫廷服务的，只有这些人才是知识的拥有者。一般的平民百姓，是没有书可以看的。

　　到了春秋时期，周王室已基本上名存实亡，而各地诸侯为了争夺霸权，相互间经常开战。原本一些专职的宫廷知识分子因为战争失了业，散落到了民间，这些人所拥有的知识和所保管的书籍也随之慢慢流传到了民间，这样一来，原本的知识垄断就被打破了，民间因此得以接触到一些书籍和文化。

　　鲁国因为当时的地位之高、影响之大，所拥有的书籍特别多，而且这些书籍也开始对外开放，那时候的学术垄断完全被打破。到孔子的少年时代，这一情况就更加普遍了，以致到了后来，竟有"夫礼失，求之于野"一说，也就是说有关天子王室的事情弄不明白了，礼仪失传了，还要到民间去求访学习。这样的环境对少年孔子来说真是太难得了。

　　总的来说，"吾十有五而志于学"，是对孔子学习活动的生动描写。

孔子葬母

虽然孔子的母亲颜徵在结婚的时候很年轻,但是他三岁的时候父亲就过世了,她一人带着两个孩子,又没有继承什么财产,不得不终日辛勤劳作来维持生计。长期艰苦贫困的生活,终于使得她积劳成疾,再加上心情孤寂,无依无靠,医疗条件又不好,颜徵在于三十几岁的时候就离开了人世。这一年,孔子十七岁。

孔子从小就和母亲相依为命,感情之深可以想见。现在母亲去世了,对孔子的打击很大。孔子深谙礼仪之道,所以决定遵循古礼,以最隆重的仪式办理母亲的丧事。

但是,在那个以礼治国的时代,在礼仪之邦的鲁国,依照周代制度,城邑居民依据职业及社会身份、地位之不同而分类居住,生前不能轻易迁移改变居所,死后也只能依据死者生前之宗族及等级贵贱,而被葬入不同的墓地。颜徵在的地位非常低下,不仅是生活在最底层的劳动者,而且是一个外来的寡妇,还可能因为"野合"而生孔子,所以只能葬在一个叫"五父之衢(qú)"的墓地。这里的"五"字与"忤"字相通,"父"即"夫"。"忤夫"就是"恶夫"。所谓五父之衢,是指找不到宗系之人的乱葬岗子。"五父之衢"是非常有名的,之所以出名,并非因为它是吉地,相反,乃是因为它的不祥。根据《左传》中的记述,季氏与叔孙穆子盟誓,"诅于五父之衢",阳虎与鲁君及三桓盟于亳社,又"诅于五父之衢"。可见"五父之衢"乃是一处被认为不祥而经常发誓、诅咒的墓地。大约就是现代人发誓时常说的死了就扔在野外乱石岗上的意思。

孔子一个人独立承担母亲的丧事，但他表现不凡。因为孔子的父亲叔梁纥生前是陬邑宰，不是普通的平民，孔子就想依照贵族的礼仪来治理母亲的丧事，他做出了一个重要的决定，将母亲与父亲合葬在一起。但是孔子父亲叔梁纥去世的时候孔子只有三岁，后来背井离乡，迁居了，而且，母亲生前也没有告诉他父亲的墓在什么地方，所以孔子并不知道父亲坟墓的具体位置。

怎么办呢？

年轻的孔子表现出了非凡的魄力，做了一件堪称当时新闻的事：把母亲的棺材停在"五父之衢"，自己戴着孝，跪在那里，恳请知情者讲出父亲的墓址。

后来，有一位好心的陬邑妇女，她的儿子是个拉丧车的车夫，参加过叔梁纥的葬礼，知道孔子父亲坟墓的情况，她为孔子的孝心所感动，就把孔子父亲坟墓的确切位置告诉了孔子，并且说明了是浅葬。于是，孔子便按照礼仪隆重地将父母合葬于"防"这个地方。防，指防山，今曲阜市东约十三公里处。防山北麓有梁公林，就是孔子父母合葬的墓地，孔子的哥哥孟皮死后也葬在这里。

孔子坚持将父母合葬，反映了他对母亲的深厚感情，提高了母亲在孔家的地位，同时也表明了他是父亲叔梁纥名正言顺的继承人，提高了自己的地位。这从他后来穿了士的服装以示自己身份的这件事上可以得到佐证。

孔子葬母的时候，还做了另一件标新立异的事：就是后来在父母坟上加土。据《礼记·檀弓上》中记载，孔子在将父母合葬完毕后，说："我听说古代只有墓，不加土起坟。现在我是个四方奔走的人，不可以不加上些标记。"因此在墓上加土，高达四尺。原来古时候，一般的墓都不起坟堆，墓是与地平的；而坟与墓有区别，坟在墓上堆土而成，俗称坟堆。到了春秋晚期，墓有坟丘的埋葬形式已经流行开来，并且还要在坟墓周围植树。按照当时的礼仪制度，坟丘的高度、植树的种类及多少，不同的等级有着不同的规定：天子坟高三仞，周围种松树；诸侯一半，周围种柏树；大夫八尺，周围种药草；士四尺，周围种槐树。孔子为父母修的坟高四尺，是合乎士四尺的礼仪的。

就这样，孝顺体贴的孔子，以父母合葬并筑起高四尺的坟堆的举动，开创了"墓而坟，夫妇合葬"的先河。后来，人们在造墓时都纷纷效仿孔子的做法，所以我们今天的坟墓都是有坟头的，为的是以后祭拜时容易辨认。

还有一个和葬礼有关的故事，说明了孔子的穷困、守礼和创新。据《礼记》记载：孔子的犬死了，按当时的习俗，至少应该找一张旧车伞盖把狗的尸体包裹起来埋掉。可是孔子贫穷，没有车子，自然连一张旧伞盖也没有，只好用一条破席子卷着把死狗埋掉了，既遵守了礼仪，又解决了问题。

孔子平时就以好礼而闻名于当地，久而久之，鲁国上层贵族也知道孔子的大名了。

▶ 士宴受辱

春秋时期，实行宗法分封制，天子、诸侯、卿大夫都把自己的庶子、幼子或宗族弟兄以别立小宗支庶的办法，逐层分封出去，形成天子—诸侯—卿大夫—士四级宗法贵族阶层。春秋末期，虽然奴隶制度日趋崩溃，封建制度日益强大，各种社会关系进行着不断的调整，但是森严的等级制度并没有受到什么冲击。社会上，特别是上流社会，等级观念仍是十分顽固的。在现实社会中，公侯、卿大夫和士属于身份高贵的贵族，而国人和庶民则是身份低下的劳动者，这之间级别的区分是非常严格的。

孔子的祖先声名显赫，是贵族中的贵族，即使是迁到鲁国后，也还属贵族之列。到孔子的父亲叔梁纥的时候，本来地位比较低了，成为贵族中的最低等，但是叔梁纥为国家立过战功，所以身份又有所提高，他生前做过陬邑大夫，应该是升到了卿大夫级别。孔子作为叔梁纥的继承人，他的贵族身份应该是不成问题的。可是，由于叔梁纥死后，孔家败落下来，而且孔子离家在外生活，和陬邑的孔家联系很少，加上穷困，甚至负担不起和贵族圈子的交际费用。更重要的是，孔子母亲和父亲的结合是有越礼嫌疑的，这就使孔子的贵族身份成了问题。

在那个时候，要想进入贵族阶层，必须首先成为"士"。士是贵族中等级最低的一级，主要由知识分子和低级军官组成。他们有的是武士，有的在天子、诸侯宫廷中担任职事官或者在基层行政机构中充任一般官吏，有的做卿大夫的邑宰、家臣，替卿大夫管理采邑和家族，统理庶民。在春秋中后期，士是政府选拔人才的重要来源，是贵族阶层的一个很大的组成部分。

可以说，没有人不以自己祖上的荣誉为荣的，孔子也是如此。少年孔子从懂事时起就牢记自己的贵族身份，念念不忘自己祖先的光荣。他渴望挤到上流社会，与上等人为伍，希望更好地参与社会生活。他努力学习文化典籍和礼乐知识，也是期望这些东西终有一天派上用场。所以，虽然孔子不是正妻所生，不能继承叔梁纥的身份，但他自称为士，穿着士的服装，行士的礼，这不算是越礼的。为什么呢？原来按春秋时期的社会礼仪，贵族家庭出身的子弟在未受命前，都不是正式的士，但可以穿着士的服装，行士的礼，这些人被称为"庶士"。而那时候负责清点一个国家贵族人数的官员在清点士这一阶层时，是将这些人算在内的，因为这些人最终将成为正式的贵族。

就在孔子葬母前不久,发生了一件大事。楚灵王的章华台建成了,要搞个落成典礼,就邀请鲁昭公前去赴会。当时国君会盟,有一些复杂的礼节,自然就会借此钩心斗角,搞些名堂。所以国君出国赴会,都要由一名熟悉礼仪的大夫陪同,作为相礼。

鲁昭公赴会时,便选定了大夫孟僖(xī)子作为相礼,可是孟僖子却不善于相礼。途经郑国时,郑君简公在国都城门慰劳昭公一行,孟僖子却不知如何答礼。到了楚国,楚灵王在城郊举行了郊劳礼,孟僖子仍然不懂得如何答礼。楚灵王为鲁昭公在新建的章华台上设享礼招待,让高大健壮的人做相礼,还把楚国的宝贵器物大曲弓送给鲁昭公。可是不久楚灵王又后悔了,想把宝弓收回。楚国的太宰薳(wěi)启疆听说以后,就为这事去见了鲁昭公。鲁昭公很自豪地跟薳启疆谈起大曲弓的事。薳启疆一听,非常郑重地下拜祝贺。鲁昭公问:"为什么要这样拜贺?"薳启疆回答说:"齐国、晋国和越国想得到这张弓已经很久了,我们国君并没有专门送给他们,如今却送给了国君您。您防备抵御三个邻国,谨慎地保护好这宝物,我怎敢不郑重地祝贺?"鲁昭公一听,心里害怕了,就把弓送还给了楚王。

当时在鲁国执掌政权的并非鲁国国君,而是以季氏为首的三个世袭的贵族世家。此三家贵族与鲁国国君原出于同宗,三家族之高祖乃是鲁桓公的三个儿子,因此史家称之为"三桓"。鲁昭公、孟僖子在外交场合大出洋相的事让季氏知道后,季氏大受刺激,要知道鲁国素来以礼乐之邦自豪啊!于是,季氏决定举行盛大的宴会招待士人。这种宴会时常有,是当政者在士阶层中选取官吏的一种形式,所以被士族当成一个向上爬的好机会。只是这次季氏的士宴规模特别宏大,算是一个士级以上的扩大会议,一来显示自己礼贤下士的风度,二来急于寻找一批通晓礼仪的人才,以使以东方礼仪之邦著称的鲁国再也不要失礼于其他诸侯国了。

孔子得到这个消息后，兴奋得不得了，他愿意参加这样的宴会。他要在这样的环境里发挥自己的才智，实现自己的远大理想。

　　第二天，他顾不得自己还处于居丧期间，腰间还系着麻绳，就兴冲冲地赶到季氏的府第。可是，当孔子走向大门的时候，季氏的家臣阳虎毫不客气地拦住了他，大声说：

　　"这里所招待的人都是'士'，你没有资格参加，你来这里做什么？"

　　孔子只得知趣地退回去了。

　　这事对年少冲动、涉世未深的孔子来说，无疑是个不小的打击。他终于明白了，上层社会并没有把他放在眼里，祖宗的余荫庇护不到自己的身上。孔子意识到要想在社会上安身立命，取得一定地位，一切都只有靠自己。

　　从此，孔子更加发奋图强，努力学习。他相信，凭自己的聪明才智和努力，生活一定会迎来改观的。

名人名言·礼貌

1. 善气迎人，亲如弟兄；恶气迎人，害于戈兵。
——〔春秋〕管 仲

2. 让礼一寸，得礼一尺。
——〔三国〕曹 操

3. 一个人的礼貌是一面照出他的肖像的镜子。
——［德］歌 德

4. 有一种内在的礼貌，它是同爱联系在一起的。它会在行为的外表上产生出最令人愉快的礼貌。
——［德］歌 德

5. 礼貌比法律更强有力。
——［英］卡莱尔

6. 人们的举止应当像他们的衣服，不可太紧或过于讲究，应当宽舒一点，以便于工作和运动。
——［英］培 根

7. 礼貌无须花费一文而赢得一切。
——［法］蒙 田

8. 讲话气势汹汹，未必就是言之有理。
——［伊朗］萨 迪

9. 温和、谦逊、多礼的言行，有时能使人回心转意。
——［伊朗］萨 迪

10. 怀着善意的人，是不难于表达他对人的礼貌的。
——［法］卢 梭

第三章

Kongzi

青年孔子

君子和而不同,小人同而不和。

——〔春秋〕孔 子

创办私学

孔子的学识越来越渊博,名气越来越大,这时候就有人来向孔子求学了。后来随着求学的人越来越多,孔子就产生了创办私立学校的想法。

在孔子快三十岁的时候,他正式创办了私立学校。孔子说自己"三十而立",意思就是说,他自己经过长期的学习和思索,到了三十岁的时候,积累了渊博的知识,又加上独立思考,使自己对事情的看法不再受到别人的左右,而是对任何事情都有了自己的主意。另外,他以西周礼乐文明为典范的立身处世的思想法则已经形成。"三十而立",还有另外一层意义,就是创办私学后,有了自己的事业,不再是给别人打工了。

在我国西周以前是"学在官府",奴隶主贵族垄断文化教育。国家设立贵族和平民两种级别的学校。贵族学校分小学、大学两级,是专为各级贵族子弟开设的。学习的主要科目是礼、乐、射、御、书、数等课程,由国家任命的老师授课。平民学校一般为平民子弟开设,级别较低,仅学习一般文化知识和从事军事训练,老师不仅要从事教学,还要从事生产。这种教育制度在长期的奴隶社会里培养了奴隶主贵族专政所需要的各类人才,传播了科学文化知识,对社会的发展起到了促进作用。同时,这种教育制度具有鲜明的等级性,规定只有贵族子弟享有充分受教育的权利,平民子弟享有受初级教育的权利,完全剥夺了广大奴隶受教育的权利。同时它传授的知识也非常具有局限性,多是些管理国家和统治百姓的方法、手段与经验,并不研究如何发展生产力的问题。

后来随着社会经济、政治的变动,这种封闭的、由少数人垄断的教育制度越来越不适应社会各阶层日益增长的文化需要，也不利于劳动者素质的提高。到春秋后期，随着王室衰微和地方诸侯国力量的增强，特别是农业、手工业、商业的发展和各地经济文化交流的日趋频繁，加上战乱不断，文化教育上也出现了"学术下移"的现象，打破原有教育制度的条件成熟了。一些有识之士以个人身份授徒讲学，这就是中国历史上最初出现的私学。

春秋时期，私学的出现，不只是孔子一家。其实在孔子之前，或与孔子同时，就有许多著名学者兴办私学，郑析、少正卯、詹何、王骀（tái）等人，都是中国历史上创办私学的先行者，只不过没有孔子兴办私学的规模和影响力大。

孔子私学的规模和影响力最大，除了和孔子本身的学识有关外，还和当时"五百年必有王者兴"的预言有关。殷商灭亡后，在殷人的遗民中流传着将有"圣人出世"的预言。这位圣人会是谁呢？人们一直在猜测。孔子生于鲁襄公二十二年，上距殷商武庚灭亡，约有五百多年，在殷宋公孙的一个嫡系里忽然出来了一个天资聪明的贫贱少年，传说中又有那么多"圣人降生"的神话，于是在鲁国的贵族与民众的目光中，孔子成了伟大的圣人。所以，许多年轻人都投到孔子的门下来求学。

还有另外一个因素，就是孔子收的学费是非常低的。孔子说："自行束脩（xiū）以上，吾未尝无悔焉。"意思就是说，"只要人家能送我十条肉干儿做见

孔子讲学

面礼，我就不会拒绝收留他做弟子。"《礼记·少仪》说："其以乘酒壶、束脩、一犬赐人或献人。"这里的"乘壶酒"是"四壶酒"，"束脩"则是十条绑在一起的干肉，古代诸侯大夫拿这些东西互相赠送，弟子入学时也向老师进献这种礼物，孔子的学费标准显然

是依照这个来的。对此，朱熹做过进一步的解释，说："古者相见，必执贽以为礼。束脩，其至薄者。"就是说古代人初次见面，是一定要送点礼物的，几条肉干儿算不得什么值钱的东西，学费只能算是象征性的，完全等于不要钱。

孔子最早设立的学校在鲁国国都的阙里，也就是孔子的出生地。后来，因为来求学的人特别多，原有的地方不太适宜了，就在今日孔庙的杏坛一带建筑了新的教学场所。教学是开放式的，在松荫柏影间，孔子坐着弹琴，弟子诵书，时不时对答几句，这时候别的弟子也就停下来，专心听讲，细细思考，有不明白的再问孔子。这里没有围墙，路过的人还可驻足旁听，听着不顺耳了，揶揄几句也没关系。

孔子的第一批弟子中有颜渊的父亲颜路，有曾参的父亲曾点，还有子路、伯牛、冉有、子贡、颜渊、闵损等人。孔子早期招收的这批弟子，在孔子那里，学习六艺（即礼、乐、射、御、书、数这六门基础课程）是次要的，重点是培养德行，陶冶情操，也进行一些政治军事外交方面的训练。

私学开办不久，一些家世显赫的贵族子弟也加入进来，拜孔子为师。那个在外交场合出了洋相的鲁国第三号人物孟僖子，就对自己的长子仲孙何忌（就是后来的孟懿子）、次子南宫敬叔说："听说我们鲁国出了个通达明礼、学问渊博的人，他就是孔子。我告诉你们，他是圣人商汤的后代，他的祖先弗父何有功于宋国，弗父何的曾孙正考父曾辅佐过宋戴公、武公、宣公三个国君。他们虽然地位很高，但谦虚谨慎，有良好美德。当年我们鲁国的臧孙纥说过，祖先有美德，其后世必定出现聪明通达的人。现在孔丘年纪才三十多，就已经知识渊博，懂得许多礼节，他大概就是今天的圣人吧！你们要拜他为师，向他学礼。"

从此，孟僖子的两个儿子仲孙何忌和南宫敬叔都做了孔子的弟子。

由此可见当时孔子的名声和他的私学的影响力。在陆续有贵族子弟加入，私学的社会影响力日益变大后，孔子的办学活动受到了上层社会的支持，办学的经费问题也得到了解决，孔子的私学走上了正轨。

孔子的办学推动了私学的进一步发展，使得古代中国出现了许多民间的学术团体，许多著名学者带领门徒四处讲学，百家争鸣蔚然成风。他们形成了春秋战国的众多学派，出现了一种思想自由、学术繁荣的新风气。

▶ 洛邑之行

我们知道，孔子是殷人的后裔，孔子一直以自己的祖上为豪。殷商最后为周所灭，在为周所灭时殷的文化要比周的文化先进得多，那些自认为具有先进文化的殷人后裔是一直不服气的，他们念念不忘复兴殷商文化，并传言说五百年后将有圣人复兴，这个圣人后来就落实在孔子身上。

所以，孔子对殷商文明也是分外敬仰的。他一生提倡"克己复礼"，虽说是恢复周礼，实际上周礼就是殷人的礼仪。孔子希望自己能承担殷文化中兴的责任，能够恢复大大小小的礼仪，引领时尚潮流，影响社会发展的趋向。

在办私学之前，一来因为年纪轻，家道贫困；二来因为知识积累不足，因此，孔子就一直留在鲁国。如今，鲁国收藏的古代典籍孔子都读遍了，鲁国境内所有有学问的人他也全都拜访过了，经济问题也解决了，一直留在孔子脑海里的梦想——到周朝的首都洛邑（今河南洛阳市）去参观、访问、学习，再次被唤醒。

京都洛邑，古时又名王城，在现在的河南省洛阳市，是周公旦为防御东部的叛乱武装所建，后来周平王迁都洛邑，这里又成为全国政治和文化的中心。春秋后期，随着诸侯国的强盛，东周王室日益衰落，在全国政治上的分量已大不如前，但是，洛邑作为文化中心的地位仍然是别的城市无法比拟的。这里不仅有居全国之冠的文物典籍，更有保存最完备、最典型的原来一些国家传下来的礼仪制度，还有一批学识渊博、精通礼乐的王室文化官员，所以洛邑一直是孔子心目中的圣地。

于是，孔子通过两个贵族弟子孟懿子和南宫敬叔向鲁国国君鲁昭公提出了去洛邑访问的请求。鲁昭公很快批准了孔子的请求，并特赐他一辆车、两匹马、一名僮仆，以及其他所有的费用。

鲁昭公二十四年（公元前518年）三月，三十四岁的孔子经过十多天的跋涉，穿越卫国、郑国，终于来到了他向往已久的名城洛邑。在洛邑的日子，可以说孔子开启了一生中最为重要的学习、深造之旅。在一百天左右的学习深造期间，好学的孔子可说是如鱼得水、如饥似渴，也因此使他的思想道德、学术水平提升到了一个新的高度。

孔子在京师期间，访问日程安排得十分紧凑，重点是考察礼制和文物典籍。他参观了周天子祭天祭地的场所，也就是《孔子家语》中所记载的"历郊社之所"。周代在冬至那天祭天于南郊称为"郊"，夏至那天祭地于北郊称为"社"，合称为"郊社"，这是古代天子在郊外祭祀天地的一种隆重而又庄严的祭祀活动，是国家的大礼，用以祈祷风调雨顺，农业丰收。虽然孔子对于天、神有着自己的看法，但是实地的考察对于充实丰富他礼制礼仪方面的知识，无疑起到了很大的作用，甚至对他的思想有所影响。

他参观了宗庙，当时也叫明堂，是周天子祭祖、朝会、议事与宣政的地方，内有国家重器和种种宝贵文物。孔子仔细观看了这里收藏的大量文物。另外，在周王室收藏的大量典籍中，孔子不仅看到了他熟悉的《诗》、《书》等文献，而且第一次看到了王室史官收集掌握的多达一百二十多个国家的史书，其中重要的有鲁国的《春秋》、晋国的《乘》等，这些史书使孔子大开眼界，为他晚年修订《春秋》一书奠定了基础。

孔子在周公像前流连忘返，陷入长时间的思考。在孔子生活的时代，一提到文化，人们首先会想到周公的，因为是他制礼作乐集周礼之大成。如今，周公就在眼前。面对"礼崩乐坏"，天下还有谁能够挑起周公曾经挑过的国家礼乐文化这副担子？周公一直是很多人崇拜的对象，孔子也是周公的忠实信徒。《论语》里记载："子曰：'甚矣！吾衰也。久矣，吾不复梦见周公。'"就是说，"我衰老得多么厉害啊，好长时间我都没有再梦见周公了！"从这里可以看出来，孔子是以继承周公大业为己任的。

孔子在太庙还见到了右边石阶前的一尊铜铸的金人。这尊铜铸的金人，嘴上贴了三道封条，后背上还刻着铭文，这就是我国著名的《金人铭》，看到"三缄其口"的金人时，孔子产生了什么想法我们不得而知，但它"慎言"的教条却影响了我们民族几千年的性格特点。

在洛邑期间，孔子还拜访了大音乐家苌弘和大思想家老子。

在洛邑的一百天，可能是孔子一生中最为快乐的一百天，几乎每一天都充满新的发现、新的思考。他第一次离开鲁国的小天地走向都城洛邑，增长了知识，扩大了交流圈，提高了自己的知名度。这一百天的学习、深造、观览、阅读、研讨等一系列的学术活动，对孔子的思想产生了诸多影响。

▶ 拜访老子

孔子在洛邑的活动中，最重要的是见老子。据《孔子家语》记载："孔子谓南宫敬叔曰，吾闻老聃博古而达今，通礼乐之源，明道德之归，即吾之师也。遂至周，问礼于老聃焉。"就是说，孔子对自己的贵族弟子南宫敬叔说，我听说老子"博古而达今，通礼乐之源，明道德之归"，真是我的老师啊！于是来到周，问礼于老子。可见，孔子去洛邑的目的之一就是拜访老子，向他请教。

老子（约前571年—约前470年），姓李名耳，字伯阳，又称老聃。中国最重要的思想家之一，楚国苦县厉乡曲仁里（今河南鹿邑太清）人。传说老子出生时就长有白色的眉毛及胡子，所以被后人称为老子。老子的代表作是《道德经》，其作品的精华是朴素的辩证法，主张无为而治，其学说对中国哲学的发展具有深刻影响。老子还是道家学派的始祖。

老子当时任国家守藏室之史，也就是国家图书馆馆长，他掌管着外人无法轻易见到的文物典籍。

孔子一生曾多次向老子问礼。第一次是在孔子十七岁时，据《水经注·渭水注》记载："孔子年十七问礼于老子"，那就应该是鲁昭公七年（公元前535年）。《礼记·曾子问》的记载更明确些："孔子曰：'昔者吾从老聃助葬于巷党，及土恒，日有食之，老聃曰：丘！止柩就道右，止哭以听变。既明，反而后行。'"就是说孔子曾随着老子帮忙行葬礼，天上出现了日食，老子就让孔子把棺材停在路的右边，停止哭泣，等到天又亮了再走。

这位"忘年交"远从鲁国来到洛邑，老子非常高兴。老子按照迎接贵客的礼仪，令他的仆人将庭院道路打扫干净，而自己则套上车亲自去郊外迎接孔子。

有一幅《孔子见老子》的汉画像石生动地将两人相见时的场景描绘了出来。这幅汉画像石长285厘米，宽56厘米。上层画面一列共30人，左起第8人手扶曲木杖，以礼迎宾，其榜题为"老子也"，身后七名弟子手捧书册表示让孔子阅览；左起第10人与老子相向站立，双手捧雁，诚心诚意，榜题为"孔子也"。原来孔子把雁作为拜见老子时赠送的礼物。他身后恭恭敬敬地站着21名弟子，包括榜题分别为"颜回""子路"和"子张"三位得意

"世界十大文化名人"之一，儒学创始人

门生。

　　孔子向老子打听各种稀奇古怪的知识，和老子谈了很多自己内心深处的疑问，老子也给孔子讲了些他闻所未闻的奇闻逸事，讲了很多新颖、智慧的观点。虽然老子与孔子的思想各成独立的体系，但是，老子对孔子思想的影响也是非常明显的，这次会见给了孔子很多启发。

　　孔子还在老子的招待下，参观了京都的明堂，去了厉公和穆公的太庙，并在老子掌管的国家档案馆里饱览文籍，读到了很多在外地无法看到的"三皇五帝之书"和"四方之志"，如《三坟》《五典》《八索》《九丘》等。

　　孔子在向老子辞行时，老子送孔子到门口，说了一段意味深长的话："我听说，富贵之人拿钱财送人，仁德之人拿有益的话送人。我不是富贵之人，就冒充仁德之人，送你几句话作临别赠言吧。聪明深察的人常常受到死的威胁，因为他喜欢议论别人的缘故；雄辩博学的人危害自身，因为他喜欢揭发别人的坏处。做子女的要忘掉自己，一心一意替父母着想；做臣子的也要忘掉自己，一心一意替君王着想……"

　　老子送孔子到黄河岸边，见河水滔滔，势如万马奔腾。孔子站在岸边，不觉感叹道："逝者如斯夫，不舍昼夜！黄河之水奔腾不息，人之年华流逝不止，河水不知何处去，人生不知何处归！"听到这话，老子说："人生于天地之间，是和天地一体的。人有幼、少、壮、老之变化，犹如天地有春、夏、秋、冬之交替，有何悲乎？生于自然，死于自然，任其自然。你的焦虑烦恼都是来自功名利欲啊！"

　　孔子见老子有所误会，急忙解释道："我是忧虑大道不行，仁义不施，战乱不止，为了老百姓感叹啊！"老子说："天地没有人去推，它自己在行走；日月没有人去点燃，它自己亮了。人的生死荣辱都是自然之道啊，倡导仁义礼乐这些东西，就像打着鼓去寻找逃跑的人，你打得越响，人家跑得越远。"

　　过了一会儿，老子指着黄河的水对孔子说："你为何不学习水的德行呢?"孔子又问:"水有什么德?"于是老子再次向孔子阐述起自己的观点……直到天色不早了,孔子才告别老子,与南宫敬叔上车,依依不舍地向鲁国驶去。

老子的话深深启发了孔子。《史记》因此记载说"孔子自周反于鲁,弟子稍益进焉",就是说自从孔子从老子那儿回来后,门生就多了起来。很明显,孔子在和老子的一番交谈后,改进了自己原有的一些不足之处,因此更受人尊敬了。

孔子对于这次会见留下了美好的回忆。回到鲁国,众弟子问道:"先生拜访老子,可得见乎?"孔子道:"见到了。"弟子问。"老子怎么样?"孔子回答说:"我知道鸟能飞,鱼能游,兽能走。但也经常看到会飞的鸟被人射下来,会游的鱼被人钓起来,会走的兽被人捉住杀掉。只有龙,我不知道它怎样驭风驾云遨游青天,我见到的这位老子,大概和龙一样吧!"这深深地表达了自己对老子的敬仰之情。

老子是道教的创始者,孔子是儒家学说的倡导者,两位哲人的"历史会面"可称得上是儒道两种思想文化彼此交流的盛事,对我国文化的影响是深远的。儒家、道家两家的思想共同构成了中国传统文化的两大主干,深刻地影响了中国历史的发展进程。尤其是一代宗师长途跋涉、虚心求教于博学多才的老子所表现出来的诚恳和严谨的治学态度,让后世学者感叹与羡慕不已,成了我国文化史上的一段佳话。

"世界十大文化名人"之一,儒学创始人

名人名言·自信

1. 天生我材必有用。

   ——〔唐〕李　白

2. 恢弘志士之气，不宜妄自菲薄。

   ——〔三国〕诸葛亮

3. 恃人不如自恃也。

   ——〔战国〕韩非子

4. 任何人都应该有自尊心、自信心、独立性，不然就是奴才。

   ——徐特立

5. 我们爱我们的民族，这是我们自信心的源泉。

   ——周恩来

6. 自信人生二百年，会当击水三千里。

   ——毛泽东

7. 对自己现在的力量感到满足的人，就是强者。

   ——[法]卢　梭

8. 对于那些有自信而不介意于暂时失败的人，没有所谓失败！对怀着百折不挠的坚定意志的人，没有所谓失败。

   ——[法]雨　果

9. 只有你能够自信，人才会相信你。

   ——[德]歌　德

10. 那些即使遇到了机会，还不敢自信成功的人，只能得到失败。

    ——[德]叔本华

第四章

Kongzi

仁礼治国

学而不思则罔，思而不学则殆。

——〔春秋〕孔子

▶ 晏婴与孔子

晏婴（？—前500年），字平仲，习惯上多称平仲，又称晏子，山东莱州市平里店人。他是春秋后期齐国的一位重要的政治家、思想家和外交家。

晏婴身材矮小，其貌不扬，却很有名气。当初齐景公任用他为大夫，曾派他出使楚国。楚王见他矮小，想羞辱他，就令人在城门旁边开了一个狗洞，故意把城门紧闭，让他从狗门进去。晏婴从容地说："如果我出使的是狗国，我肯定会从狗门进去，可今天我来的是楚国，就应该从城门进。"这使得楚王自取其辱，只好下令将城门打开。等他回到齐国复命时，景公提拔他做了相国。

晏婴当上相国后，成为继管仲之后齐国最有作为的政治家。晏婴生活节俭，品德高尚，做了齐相以后，仍然住在低矮的茅草房中，经常吃粗米饭和野菜，坐的车子也很破旧。他的妻子年老而相貌丑陋，别人劝他再娶，被他责怪一顿。他做齐相后，多次劝谏齐景公虚心听取不同意见，认为"圣人千虑，必有一失；愚人千虑，必有一得"。他随时注意收集信息，关心民间疾苦。有一次，齐景公问他在集市附近看到了什么，他说看到鞋子价格便宜，假足价格昂贵，说明齐国刑罚残酷，希望景公注意减轻刑罚。

刚刚三十岁的孔子，就见过晏婴。当时晏婴陪同齐景公、齐

大夫高昭子一起来鲁，齐景公去请教了当时年纪轻轻就以博学闻名的孔子，他问："秦穆公管理下的秦国国家小而又处于偏僻的地方，然而他却能够称霸，这是什么原因呢？"当时，孔子毫不迟疑就给出了明确的答案："秦国虽小，志向却很大；所处地方虽然偏僻，但施政却很公正恰当。秦穆公亲自提拔用五张黑羊皮赎来的百里奚，把他从拘禁中解放出来后与他一连谈了三天的话，随后授给他大夫的官爵。用这种精神来治理国家，就是统治整个天下也是可以的，他这个霸主还是小的呢！"这次会见后，孔子和他们都成了朋友。

这次孔子来到齐国，最先接待他的是高昭子。孔子来到齐国时，昭子早已命人在城门口迎接了，孔子带着弟子在差人的引导下，来到了高昭子家。

高昭子，齐国元老高国仲的长孙，是齐国有名的大夫，也是齐国的大贵族，与国氏同为齐卿，在齐国有很大的势力和影响。他热情地接待了孔子，并让孔子做自己的家臣。他早就耳闻孔子的学识，又因当时田氏贵族在齐国的势力日益膨胀，已经威胁到他的地位和权力。收留孔子既可以博得礼贤下士的美名，又可以增加自己在政治上的分量。就这样，孔子在高昭子家里安顿了下来。他一面为高昭子办事，一面从事教学，同时遍访了齐国有权势的人物。

不久后，孔子见到了晏婴。晏婴对孔子的弟子子贡赞不绝口，认为子贡是天底下最优秀的人才，对孔子本人却有一点冷淡。他对孔子说："婴和先生分别仅四五年，哪知先生门下竟有如此众多的贤才弟子，仅一个子贡的学问和口才，就堪称国士无双了。再过几年，那天下英才将尽归先生门下，将来我也要向先生行拜礼，拜投先生门下啊！"孔子微笑道："孔丘怎敢收名重当今的贤相国为弟子呢？但愿与您的友谊能始终如一，不要半路分手，丘就觉得非常光荣了。"从这次谈话可以看出，晏婴起了嫉妒贤良的心思，孔子和他的关系只能停留在外交层面上。

再后来，孔子见到了齐景公，齐景公就问孔子说："依你看来，怎样才能把国家治理好呢？"孔子回答说："要治理好一个国家，就要'君君，臣臣，父父，子子。'也就是说，君主要像君主，臣子要像臣子，父亲要像父亲，儿子要像儿子。"齐景公听后说："对极了！一个国家假如君主不像君主，臣子不像臣子，父亲不像父亲，儿子不像儿子，纵然粮食丰收，我也吃不到。"

又有一次，齐景公再一次召见了孔子，继续请教政治问题。这次孔子回答说："治理国家，重要的是节省开支。"孔子这番话是针对齐景公和其他贵族惊人的奢侈浪费而发的，齐景公听了很高兴，认为孔子说得很有道理，但是齐景公是一个贪图享受、沉湎酒色的君主，所以忠言只是在耳朵边停留了一会儿，就又被遗忘了。

还有一次，景公在大殿看见一只独脚鸟。那鸟飞到殿前，展翅而跳。景公对此鸟感到好奇，就问晏婴："我有生以来，从没见过这样的鸟，一只脚还能展翅跳跃，你知道它叫什么吗？"

晏婴答："我不知道，也不敢随便捏造。"

景公又问群臣，群臣谁也不知。

景公就让高昭子去问孔子。

孔子说："那鸟应该叫商羊，是预示水灾的。以前的童谣是这样唱的：'天快下大雨的时候，商羊鸟就会翩翩起舞。'如今，你们在齐国大殿上看见此鸟，可能是水灾来临的征兆。快去通知百姓，让他们开沟渠，修堤防。"

高昭子把孔子的话原原本本地告诉了景公。景公深信不疑，命高昭子通知百姓，修葺堤防，预防水灾，并让高昭子亲自监工。

晏婴冷笑道："不过是一首童谣罢了，不可就此轻信。要是没有水灾，我们这样兴师动众的，岂不是要失信于百姓？还是再等等吧。"

景公向来信任晏婴，便对高昭子说："相国言之有理，就先暂停了修堤。"

不料，当天就下起了大雨。高昭子这才知道孔子的话应验了，就连夜行动起来。大雨连着下了三天三夜，邻国都惨遭水灾，只有齐国幸免于难。景公非常敬佩孔子的博学多才，认为孔子是位难得的人才，想把尼溪这个地方的田地封给他，使他成为一个有领地的齐国贵族，来辅佐自己。

但是晏婴非常反对，他对景公说："像孔子这样的人物，圆滑而不遵守法度；又骄傲自满，自以为是，不肯屈居他人之下；还特别注重葬礼，甚至不惜破产，这不能作为社会风俗提倡的典范；他们到处游说国君贵人，乞求荣华富贵，根本不是为国家利益着想。现在，制定周礼的文王、周公等大贤人早已逝去，周王室也日趋衰微，礼乐缺失已经好长时间。可是，今天孔子又搞出一套复杂的学说，大讲繁文缛（rù）节，他的礼仪一年也学不会。您如果想用孔子的这套学说来搞改革，恐怕很难给百姓带来好处！再说，孔子从敌国过来，搞不好是间谍呢！"

晏婴的话很快动摇了齐景公，齐景公便打消了加封孔子为贵族的念头，也不再问孔子治国之道了。不过倒是仍然很有礼貌，给孔子的待遇介于上大夫和下大夫之间。

孔子在齐国待了一年多的时间，希望得到齐景公的信任，谋得一个从政的机会，让自己实现政治理想。可是空等了一年，不仅没有得到重用，甚至连齐景公当面答应的封赏尼溪之地的事都落了空。

直到有一次，齐景公就直截了当地对孔子说："像鲁国重视季氏那样地重视你，我是做不到的。我已经老了，无法重用你了。"这算是直接下了逐客令。

正在这个时候，齐国的士大夫中流传出了一条江湖追杀令，说是要杀了孔子，孔子就赶紧逃跑了。据《孟子·万章下》中记载："孔子之去齐，接淅而行。"原来，孔子知道这个消息的时候，他的学生正在淘米准备做饭，听到消息后，舍不得把湿米丢弃，师徒便提着湿漉漉的淘箩匆忙逃出齐国，一边逃一边沥干湿米，样子非常狼狈。

就这样，孔子回到了鲁国，那年他三十七岁。

▶ 从礼到仁

我们可以说，青年时代的孔子，思想里是以"礼"的成分居多。就是他所从事的社会活动，也多是与"礼"有关，从四十岁左右开始，孔子思想的核心逐步转向了"仁"的方面。当然，二者不是独立的，而是相互影响的。

孔子在从齐国回鲁国后的这十几年中，集中精神于哲学研究和讲学，虽然官场失意，却迎来了他个人学术生涯中最重要的一个时期。他把"礼"学发展了，找到了"礼"学最重要的内涵——"仁"。而晏婴对孔子学术的批判是偏激的，他误以为孔子的学说还只是停留在烦琐的礼节上。殊不知，孔子已经进一步发展了"礼"的道德性，用"仁"对"礼"进行改造和充实，从而把"礼"提到了一个新的高度。

"礼"和"仁"的关系，简单一点说，就是"礼"是"仁"的表现形式。孔子说过："克己复礼为仁。一日克己复礼，天下归仁焉。"意思就是说，克制自己恢复周礼的目的是为了仁，到了克己复礼实现的那一天，天下就回归到了仁的正轨上。"仁"是"礼"的内在精神，不仁则谈不上真正有礼，对于这一点，孔子说过："人而不仁，如礼何？人而不仁，如乐何？"意思就是说，人心若没有了仁，如何把礼来运用呀！人心若没有了仁，如何把乐来运用呀！

"仁"是儒学中一个内涵极为丰富的字，它在不同的范畴里有不同的含义。在《论语》中，它多以问答的形式出现，从孔子回答其弟子的提问中，我们可见到孔子对"仁"因人、因时、因地而有不同的阐述。

"仁"首先是指"爱人"，孔子说"仁者爱人"，就是说要有人道主义精神。孔子坚决反对使用人殉人祭的野蛮习俗，他甚至反对用木俑陶俑殉葬，曾就此愤怒地说："第一个制作木俑陶俑殉葬的人该会断子绝孙吧！"

　　"仁"是一种处理人与人之间关系的准则。孔子说："仁人是这样的人：自己要站得住，同时也使别人站得住，自己要事事行得通，同时也使别人事事行得通。"他还说："自己所不愿意的，不要施加给别人。"

　　"仁"因为根源于家庭内部的血亲关系，所以又特别强调血缘纽带，强调亲亲、孝悌。他说："其为人也孝悌（tì），而好犯上者，鲜矣；不好犯上，而好作乱者，未之有也。君子务本，本立而道生。孝悌也者，其为仁之本欤？"就是说，孝顺父母、尊敬兄长的人，很少有冒犯上级的，不好冒犯上级而好造反的人是没有的。君子要致力于根本，根本确立了，才会产生道路。孝悌就是仁的根本。孔子特别重视三年守孝的礼制，对此他用仁的观念做了阐述。他说："我们生下来时是不能独立生活的。在我们幼小时，每时每刻都得依赖父母的照顾而生活。这样的抚养方式，至少需要三年的时间，我们才能脱离父母的怀抱，他们的恩情亲情是无法报答的。所以在父母去世后，至少也要守孝三年，这样在时间上和父母抱着我们的时间相对应，是最好不过的感恩方式。"从他的这段话里，我们可以看出仁的思想对血缘关系的重视，也可以看到仁的思想对礼的发展。

　　总之，"仁"，从个体的角度讲，是一种个体人格所能达到的最高境界和全面修养的标志，"为仁由己，而由人乎哉"；如果从社会角度来讲，仁则代表一种至善至美的"理想国"，是人类崇高的社会境界，"如有王者，必世而后仁"。

　　如果说"仁"的思想是孔子思想结构中的核心部分，那么"礼"，则更多是一种实现"仁"的手段，强调的是社会规范和治国方略，孔子说过："上好礼，则民易使也。"

　　孔子不断给礼注入一种内在的新精神、新生命。他认为只要人们在各个方面按照周礼的要求，以长幼尊卑的严格秩序行事，天下就会太平，国与国之间就不会有战争，臣子就会听从国君，儿子就会孝敬父母，这一切的行动规范就是礼。背离了礼行事，这一切特定的关系和秩序就会乱套，当臣子的可以把国君赶走，做儿子的可以不顾父母，这样一来，天下就不太平，就会陷入混乱。孔子认为当时天下大乱，征战不休的根本原因就是"礼崩乐坏"，也就是说，人们在行事交往中根本不遵从礼的规范，所以天下大乱。

为了维护礼，孔子敢于不畏强权，对于违反礼的行为直言自己的愤慨："'相维辟公，天子穆穆'，奚取于三家之堂？"这是在引用两句诗文批评三桓。他说，奏"雍"这支国乐的时候，天子站在中央，辟公（即当时的诸侯）站在两边拥护着天子，然后天子从中间走过，态度也非常庄严，绝不会左右乱看。而现在这三家权臣，却像天子祭祀宗庙那样，祭祀自己的祖先，真不知道他们用意何在！

孔子为何会为了礼而不怕触怒权贵呢？原因就在于：孔子虽然提升了仁的思想，但它并不是完全独立的，依然要受到礼的制约。当孔子把礼深深地植根于仁的基础上之后，礼作为人类生活和行为的道德规范，其合理性、权威性、重要性，都被更加有力地确认下来了。

总的来说，孔子认为，伦理道德是人的本质，人的行为的最高准则就是实现伦理道德，即按照"礼"的规范修身养性，以达到"仁"的境界。个人的道德修养、家庭的伦常关系、国家的政治统治是相互依存的，个人的道德完善是从事政治活动的前提，而社会的政治成功，则是道德完善的结果；政治统治的权力基础，不是经济上的富裕或军事上的强盛，而是老百姓的精神信念；治国安邦的根本途径，在于统治者把自己本性中的道德天良弘扬出来，发扬光大，引导和教化老百姓弃恶从善，提高精神境界，最终实现"仁者爱人"的理想社会。

名人名言·信念

1. 古之立大事者，不唯有超世之才，亦必有坚韧不拔之志。

　　　　　　　　　　　——〔宋〕苏　轼

2. 随着信念的指示做事情，事无论大小，我都会感到喜悦。

　　　　　　　　　　　——巴　金

3. 人，只要有一种信念，有所追求，什么艰苦都能忍受，什么环境也都能适应。

　　　　　　　　　　　——丁　玲

4. 最可怕的敌人，就是没有坚强的信念。

　　　　　　　　　　　——〔法〕罗曼·罗兰

5. 人类生命的成功基因就是对信念的执着与追求。

　　　　　　　　　　　——〔美〕魏特利

6. 信念只有在积极的行动之中才能生存，才能够得以加强和磨砺。

　　　　　　　　　　　——〔苏联〕苏霍姆林斯基

7. 以利益为主的阵营总是会动摇的，但以信念为主的是分化不了的。

　　　　　　　　　　　——〔法〕巴尔扎克

8. 勇敢和必胜的信念常使战斗得以胜利结束。

　　　　　　　　　　　——〔德〕恩格斯

9. 在生活中，最可怜的是一辈子没有理想、信念，行动不坚决、果断，总怕别人说长道短，随波逐流。

　　　　　　　　　　　——〔日本〕池田大作

第五章 Kongzi

孔子仕鲁

己所不欲,勿施于人。

——〔春秋〕孔　子

▶ 从中都宰开始

随着年纪的增大，孔子把理论付诸实践的愿望越来越强烈，就和一个有了美好创意的物理学家迫不及待要赶去实验室里一样。到后来，孔子对出仕简直有些饥不择食了。

鲁国有个叫公山不狃（niǔ）的家伙，可以说是鲁国的"二号大反派"。公元前505年，公山不狃是季氏的费邑宰，而费邑是季氏的老巢、大本营。所以这个公山不狃的权势是很大的，他曾参与了阳虎废黜三桓的政变，后来阳虎失败后逃走，公山不狃也占据了费邑，对三桓构成了很大的威胁。

公山不狃想到了孔子的声望，就托人传话请孔子去做官。孔子心动了，很想去，子路很不高兴地说："没有地方去就算了，何必到公山氏那里去呢？"孔子给自己辩解道："当初的周文王和武王也是从两个小地方起家建立不世伟业的，现在费邑虽小也没有关系啊，如能重用我，我就有机会在东方推行周朝的礼仪了！"

孔子之所以动心，原因是，在当时的乱局中，卿大夫欺凌诸侯，陪臣欺凌卿大夫，彼此之间存在着一种很微妙的三角关系。当时的鲁国，社会昏暗腐朽，诸侯、卿大夫和陪臣互相倾轧斗争。孔子就想借用三桓的陪臣来打击三桓，所以他说："人家召我，有人家的目的；我去做官，有我的目的。公室弱，问题不在君，而在臣。"孔子的原则是维护公室。而且在当时，他要出来做事，只有两个选择：一种是自上而下，支持权臣，打击陪臣，维护公室；一种是自下而上，支持陪臣，打击权臣，维护公室。他曾考虑过后一选择，但最终还是选择了前者，所以最终并没有去费邑。

费邑的公山不狃，郈（hòu）邑的公若藐等家臣仍有很大的势力，对于鲁国公卿都存在着很大的威胁。在周边关系上，鲁国又与大国齐不断发生着摩擦，两国关系日趋紧张。

公元前500年夏，侯犯在齐国的支持下反叛了，杀了郈宰公若藐。侯犯是叔孙氏的家臣，郈邑的马正（相当于郈邑的司马）。这一叛乱，最后被叔孙武叔和孟懿子平定了。侯犯逃到了齐。

孟懿子是平定阳虎之乱和侯犯之乱的主力。他跟随孔子学礼，和孔子是师生关系。当时，陪臣结党，主要是在季氏和叔氏两家，孟氏的情况要好得多。在当时的局势下，孟懿子推荐了孔子出来做官，季氏、叔氏同意，鲁君也赞同。此时，继任国卿不久的季桓子，面对这样的局面不免有力不从心之感。孔子少见的博学多识与巨大的社会声望，还有渴望安定和平的坚定的政治态度，尤其是他反对"陪臣执国政"的立场，以及对于阳虎与公山不狃的拒绝，都让季桓子看好。

鲁定公九年（公元前501年），当时五十一岁的孔子，被鲁定公任命为中都宰。中都在今山东汶上县西南的次丘镇，是鲁国的公邑。中都宰，就是中都的县长。

孔子在中都宰的任上，充分实践了以礼治国、以仁教人的执政理念。"制为养生送死之节：长幼异食，强弱异任，男女别途，路无拾遗，器不雕伪，为四寸之棺，五寸之椁，因丘陵为坟，不封不树。"意思就是说，孔子制定了养生送死的细则：年长的和年幼的饮食应有所不同，体力强的和体力弱的劳动应该有轻重之分，男女在路上要分开行走，见他人有东西掉在地上不拾取，日常用品只讲究实用不注重外观。以四寸之棺、五寸之椁为丧葬的标准。要沿丘陵做坟墓，既没有封土堆，也不种植树木以为标志。总之，孔子大体上是从合乎礼仪的入手，对社会的各项秩序进行调整，使百姓的生活与生产都纳入秩序的轨道。

这套措施被认真推行了一年，收到了良好的效果。西汉史学家司马迁评价道："孔子为中都宰，一年，四方皆则之。"就是说，孔子任中都县长，仅一年工夫，中都县周围各地方就都仿效中都的做法。

对于孔子的政绩，鲁国国君鲁定公感到非常满意，他亲自召见孔子，问道："你治理中都取得了成功，如果用你的办法治理鲁国，效果如何呢？"对在中都的政绩，孔子自己也很满意，所以他自信地回答说："不要说是鲁国，就是治理天下也没有什么问题吧！"

就这样，孔子第二年就升了官，这次是做孟懿子的副手，管理国家公共工程事务，当时的官职称为司空。

孔子在司空的位置上任职时间不长，但是做出了重要贡献。"乃别五土之性，物各得其所生之宜，咸得厥所。"就是把国土分为山林、川泽、丘陵、坟衍和原隰（hé）五类，并要求不同土地的拥有者因地制宜种植不同作物，譬如山上种树，平原种庄稼，高坡丘陵上放牧，山上筑坟，从而使土地得到充分合理的利用。

这件事情从现在看来，好像没有什么，但是在两千多年前，可是一项创举。以前统治者的精力都是放在祷告天地和相互攻伐上，很少有什么便民利民的措施。孔子这时候提出给土地分类，一是说明执政者没有这么做过，二来表明了孔子并非一个只懂得书本知识的迂腐书生，而是一个知识广博的实干家。

由于孔子政绩出色，替老百姓做了很多好事实事，因此赢得人们交口称赞，还很快得到了擢升。

鲁定公十年（公元前500年）初，孔子做了鲁国贵族中央政权中可以和三卿（司徒、司马、司空）平起平坐的司寇，成为鲁国最高的司法行政长官。

▶ 大司寇

司寇，官职相当于后来的刑部尚书。在孔子之前，鲁国的司寇一直是由季孙氏的家臣兼任。孔子从司空到司寇，并不是一次平级调动，而是一次关键性的升职。其实孔子原来担任过司空，确切地说，应该是小司空，是孟懿子的助手，爵位也只是下大夫，而现在的司寇，司马迁称为大司寇，和孟懿子是平级的，爵位也升到了上大夫，这避免了学生比老师地位高的尴尬。

我们都知道，鲁昭公被三桓逼走，最后死在乾侯。昭公的尸体运回鲁国，应该怎么埋葬，曾经有过争论。最初，季桓子打算把他埋在"阚（kàn）公氏"，即鲁国的公墓，被鲁大夫荣驾鹅劝止。最后，季桓子把鲁昭公葬在鲁侯墓地的墓道南，和鲁国先君的墓是分开的，成了一个孤零零的坟墓，带有惩罚的意思。再看孔子的执政思路，是以恢复诸侯的威信为原则，这也是他"复礼"的首要任务。所以，孔子在司空这个管土木工程的位置上的时候，就已经准备着手解决鲁昭公的墓地问题了。因为修建墓地的工作主要由囚徒完成，现在孔子到了司寇任上，解决这个问题就更方便了。

所以，孔子在司寇任上做的第一件重要的事，就是命人沿着坟墓的四周挖了一条沟，把鲁昭公的坟墓也圈在了里面，这样一来，等于把鲁昭公的坟墓和其他国君的坟墓合在一起了。这件事看起来很小，其实意义深刻，等于是在不激怒三桓的情况下，委婉地给鲁昭公翻了案。孔子还对季桓子解释自己的动机说："令尊大人当年的做法是要贬责国君，却只能彰显他自己不合君臣礼数的罪过。我提出合墓，是为了掩盖令尊大人的不臣之过啊。"

孔子在当时的鲁国，声望是极高的，被誉为圣人、上天降下来的警钟，所以他坐上大司寇的位置，是很得民心的，对很多普通劳动者来说，是令人欢欣鼓舞的，对那些作奸犯科的人来说，也是有很大的威慑力的。

鲁国有个叫沈犹氏的羊贩，常常在早上用盐水把羊灌得饱饱的，以此增加羊的重量，诈骗市民。有个叫作公慎氏的，妻子淫乱，败坏了社会风气，他也听任妻子放荡不加制止。还有个叫慎溃氏的，生活十分奢侈，浪费了大量财物，远远超过了法令的规定。还有那些出卖六畜的人，互相勾结，垄断市场，哄抬物价，他们往往把牲畜修整打扮起来，等待高价出售。

听到孔子上任的消息后，沈犹氏立即乖乖地收起了骗术，公慎氏赶紧把妻子休了，慎溃氏也逃离国境，迁徙到宋国去了，贩卖牛马的商人也都老老实实地合法经营了。

孔子在任大司寇的三年里，主要采取礼治德化和政令刑罚同时施行的方法，使得鲁国的刑事案件大幅度减少，社会风气大变，逐渐形成了民安政清的社会局面。特别值得一提的是，孔子开展司法活动的基本原则是以教化为主，以刑罚为辅，绝不滥用刑罚，体现了他"仁"政的思路。

孔子处理过一个父子互相诉讼的案件。他把儿子关起来，三个月没有做出判决。后来，那位父亲自愿撤销诉讼，孔子就把他的儿子无罪释放了。季桓子知道后很不高兴地说："这个孔老师不是欺骗我嘛！他对我说：'治理国家必须讲求孝道。'今天可以杀一人以示对不孝的惩罚，可他却把罪犯放了。"冉有把季桓子的话转告了孔子，孔子回答说："上面不重视教化，下面的人犯罪就杀头，这样处理公平吗？不教化百姓而听任他们犯罪，这不是等于杀害无辜的人么！三军吃了大败仗，不能把他们都杀了。法令不当，教化不行，就难以执行刑罚。因为罪过不在百姓身上。不进行教化而加以严惩，是残害百姓；生长有时而横征暴敛，是凌暴百姓；不加教导就要求成功，是虐待百姓。只有改掉这三种为政的恶习，才可以执行刑罚。"

还有一回，孔子在菜市场看到一老一少两个人在打架，一问，原来是老者强占了年轻人的摊位，而这位老者竟然是自己弟子冉雍的父亲。孔子并没有责罚双方，而是对冉雍说："这事你自己处理吧。"冉雍赔偿了那个年轻人的损失，并劝说父亲不要蛮横无理。后来冉雍的父亲变成了一个仁人君子，和那个年轻人还成了好朋友。所以孔子夸奖冉雍说："我料定你能把此事处理得很好。因为，我知道你是一个学识深、仁德高的人啊！"

孔子在任大司寇的时候，和鲁定公的关系也非常密切。鲁定公也为孔子为恢复国君权力所做的努力而感动，多次向孔子请教为君之道。

有一次，鲁定公问："君子任用臣子，臣子侍奉君主，应当怎样做呢？"孔子回答说："君主任用臣子要按照礼仪，臣子侍奉君主要忠诚不渝。"在这里，孔子提出了处理君主和臣子关系的指导原则，要求双方都必须承担义务和接受约束，并且前后是有因果关系的，只有君主做到了按照礼仪任用臣子，臣子才会忠诚不渝地侍奉君主。这与后来儒家的愚忠是有很大区别的。

孔子做大司寇治理鲁国几年，取得了很大的成就。男女在路上，各走各的道路，路上有丢失的东西，也没有人去捡。男子以尽忠守信为高尚，女子以坚贞和顺为高贵，大家都知礼守法，自行遵守道德仁义。四面八方的客人到了鲁国的都邑后，不需要去找那里的官吏来解决他们的生活所需，个个都像回到了自己的家里一样。

据《史记》记载，孔子看到这种局面，脸上露出了得意的神色，这时他的弟子就出来奚落他说："老师不是说过'君子大祸临头不恐惧，大福来到不喜形于色'吗？"孔子一听，连忙借口说："是有这个话。我不是还说过因为让老百姓得到好处而高兴嘛！"可见孔子对自己的政绩还是非常满意的，以至于脸上不自觉地露出了笑容。

▶ 夹谷会盟

在孔子任大司寇的这段时间里，中原的局势是这样的：楚、晋两大强国抗衡于南北；齐、秦两大次强国环伺于东西。自从齐国霸业衰落以后，晋国崛起，鲁国背齐向晋，寻求新的保护，为此齐、鲁两国交恶，战争不断。现在晋国的霸业衰落下来，而齐国在晏婴的治理下，国力逐渐恢复。

鲁国在阳虎强兵政策的影响下，军力有所增长，现在孔子又以礼治国，民心归附，鲁国的国力蒸蒸日上。这给齐国造成巨大的威胁。齐国不少官员认为，鲁国如果再这样下去，可能会对齐国不利。

鲁定公十年（公元前 500 年）的夏天，晏婴年老，卧病在床，代理国相的黎（chú）向齐景公献计说："鲁国重用孔子，政绩很不错，再这样下去，肯定会对齐国不利，假如我们用莱地人把鲁定公劫持了，他们今后就一定会听我们的。"于是，齐景公派人来到鲁国，邀约于夹谷会盟。

夹谷，位于现在的山东莱芜县境内。齐国把盟址选在此处，是有其道理的。其一，这里是雄关要道，往来方便。又地处齐鲁交界处，有公平交往、平等相待之意。其二，在此会盟，符合礼仪标准和规格要求，因为古人在此处迎送接替由来已久。

鲁国是个小国，鲁定公和"三桓"卿大夫都不敢得罪齐国，只好答应前往夹谷会盟。过去这种国际外交活动的"相礼"即司仪官，都是由"三桓"卿大夫担任的，这次的相礼却由孔子担当。为什么是孔子呢？原因有四：一、孔子是礼仪专家，精通这档子事；二、孔子在司寇任上积累了一定的政治威望，身份相符；三、孔子在齐国生活过，还做过齐景公的政治顾问；四、经过前面的动乱，"三桓"的威信下降很多，这样复杂的外交，一旦再有个闪失，就会彻底打击他们的政治地位。总之，孔子是做相礼的最佳人选。

孔子知道这次任务非常重大，便做了充足的准备，他对鲁定公说："臣听说，有文事时一定要有武备；有武事时一定要有文

备。古时诸侯国君出国，必要命军将率领兵车士卒护驾。请主君带上左右两司马同行！"鲁定公认为孔子的话很有道理，便带上了兵车士卒做护卫。

会场是由齐景公安排的，他命人在夹谷南麓开阔的空地上，修建了一个有三级台阶的高土台作为盟坛，并在四周筑起土墙，四面各开一门。

正式会谈开始的那天，齐景公和鲁定公互致见面礼后登上盟坛。双方随从官佐依次分列于坛下。齐景公表示要与鲁国重修旧好，鲁定公也表示愿意和齐国携手共进，这样两个国君歃血为盟，然后，互赠玉帛。仪式结束后，双方坐下来喝酒。

这时，齐国的相礼便唱赞道："请奏四方之乐。"齐景公点了点头。这时候音乐声起，节奏十分散乱，只见一些齐国野人跑了进来，跳着奇怪的舞蹈；另外还有装扮得怪模怪样的齐国士兵，嘴里叨念着，在距离鲁定公不远的地方手舞足蹈。

孔子一见苗头不对，也顾不上一步一停然后再上一阶的礼节了，迅速跨上第二级台阶，护在鲁定公身前，大声质问齐景公："我们两国君主友好结盟，为何要呈上粗野的蛮夷乐舞？这不是齐国对待他国应有的态度。边远不能图谋中原，东夷不能搅乱华夏，俘虏不能侵犯盟会，武力不能逼迫友好，否则对于神明来说是大大的不敬，就德行来说是丧失道义的，对于人们来说是不合礼节的，凡是贤明的君王绝对不会这样做。请君主命执事官撤去蛮夷野舞！"就在孔子说话的同时，鲁国的士兵也赶紧护卫到了鲁定公的身旁。

本想以此威势强压鲁定公就范的齐景公，只好下令撤去莱夷乐舞。

这时候齐国相礼又说："既然鲁国君臣喜欢宫廷雅乐，那么就请欣赏齐国的宫廷之乐吧。"这时候他就从门外叫进来一群倡优侏儒，给鲁定公呈上"宫中乐舞"，舞者纷纷在盟坛下挤眉弄眼，戏耍逗乐，分明是要羞辱鲁定公。孔子大怒，再度登坛，大声冲着齐景公说："身为卑贱之奴，却来蛊惑诸侯国君，实属大逆不道，其罪当诛！请君主命执事官诛之！"齐景公无言以对，只好示意齐国相礼以礼惩处，为首的舞女和侏儒立即被士兵拖到了台下处以斩首。

这时候齐景公又说："这次盟会，鄙国多有失礼，请鲁国君臣不要见怪。希望今后齐鲁两国交好，不要再起争端。目前齐国有事，请鲁国出三百乘兵车跟随，不然就要接受盟书所说的天地神明之惩罚！"孔子一听，立刻针锋相对地应答道："若齐国不归还我汶阳、郓（yùn）城、龟阴三地，使我鲁国以其地供应齐师所需贡赋，也要按此盟约接受天地神明之惩罚！"

原来，汶阳、郓城、龟阴三地本属鲁国，阳虎兵败奔齐时才被齐国强占。齐国不愿因此而使会盟中途夭折，就勉强同意了鲁国的要求，这样双方达成了协议。

盟誓完成后，齐国准备设享礼招待鲁定公，孔子又说："齐国和鲁国会盟的事情已经完成了，再来设礼，太麻烦了。而且设享礼要动用很贵重的礼器，在这荒郊野外动用这些礼器，是不符合礼仪的。用这样不合礼仪的礼节，君王面上也无光，与其自取其辱，还不如不用！"

那个时候礼仪虽然没有周代那么重要了，但在那样的大场合，人们还是非常注重的。齐国本来想在盟会上占便宜，没想到反而出了丑。为了避免被天下人耻笑，后来还主动归还了先前占去的汶阳、郓城、龟阴三地。

孔子在夹谷之会中，有勇有谋，机智应变，不仅化解了危险，还收回了被占的领地，使鲁国在诸侯国中的地位得到了大大的提升，而他这个最大的功臣更是在国内成了家喻户晓的英雄人物。

名人名言·乐观

1. 心宽出少年。

　　　　　　　　　　　　——〔清〕王静庄

2. 青春活泼的心，决不作悲哀的留滞。

　　　　　　　　　　　　——冰　心

3. 永远以积极乐观的心态去拓展自己和身外的世界。

　　　　　　　　　　　　——曾宪梓

4. 如果人是乐观的，一切都有抵抗，一切都能抵抗，一切都会增强抵抗力。

　　　　　　　　　　　　——瞿秋白

5. 人生的道路没有撒满鲜花。如果不能尽如人意，一个人也不要抱怨……能得到多少，就应该感到快乐。这是对人的考验。

　　　　　　　　　　　　——［印度］泰戈尔

6. 假如生活欺骗了你，不要忧郁，也不要愤慨。不顺心时暂且克制自己，相信吧，快乐之日就会到来。

　　　　　　　　　　　　——［俄］普希金

7. 快乐应该是美德的伴侣。

　　　　　　　　　　　　——［巴拉圭］巴尔德斯

8. 真正的快乐是内在的，它只有在人类的心灵里才能发现。

　　　　　　　　　　　　——［德］布雷默

9. 所谓内心的快乐，是一个人过着健全的正常的和谐的生活所感到的快乐。

　　　　　　　　　　　　——［法］罗曼·罗兰

◁ 第六章 ▷

Kongzi

周游列国

往者不可谏,来者犹可追。

——〔春秋〕孔　子

▶ 初入卫境

从冬至没有分到祭肉到来年春天，经过了一个漫长的冬季，既说明孔子对鲁国依依不舍，也说明这次出行是准备充分的，至少，先去哪里是经过多次讨论的。首先，齐国肯定是去不成的。如果说以前是齐景公喜欢孔子，孔子不喜欢齐景公的话，那么在夹谷会盟、齐国美女计之后，可以说是孔子不喜欢齐景公，齐景公就更不喜欢孔子了。那么去哪里呢？

卫国成为首选。卫国是鲁国的近邻，与鲁国同为姬姓国家。鲁国是周公之后，卫国是康叔之后，周公、康叔都是周文王的儿子，两国是名副其实的兄弟之国。

平常两国的交往就比较多，孔子的大名也早为卫国朝野所知晓。而且卫国又有孔子的好友蘧（qú）伯玉，他是卫国大夫，一生侍奉卫国三公（献公、襄公、灵公），以贤德闻名于诸侯。孔子与他相交甚厚，此前曾多次入住其家。此外，卫国还有史鱼、公子荆、公叔发等一批不错的大臣，他们都是孔子比较欣赏的。比如公叔发，即公叔文子，孔子认为他是个严肃的人。他死后以"文"为谥。有一次子路问老师，公叔发为什么能以"文"为谥？孔子说，他"敏而好学，不耻下问，是以谓之文也"。孔子认为公叔发担当得起这个"谥号"，可见他对公叔发的好感。

孔子选择卫国，还有一个重要原因：他的多位弟子都是卫国人。他的得意门生子夏、子贡都是卫国人，还有一些较知名弟子，如句（gōu）井疆、琴牢、颜仇由等也是卫国人。尤其是颜仇由，他是子路的妻兄，当时在卫国做官，另外，子路的连襟弥子瑕是卫灵公的宠臣。所以子路是积极主张到卫国的，他认为，可以通过颜仇由结识卫国的权势人物,进而进见卫国国君,或许能够在那里得到发展。

就这样,孔子带领着子路、子贡、颜回、冉求、宰予、高柴等十来个弟子走上了通向卫国国都帝丘的大道。

两天后,孔子一行来到鲁国边境一个叫屯的地方。他们刚停下来,就远远地看到一辆马车从后面追来,车上坐的是鲁国名叫师己的乐师,这个乐师是季桓子的人。孔子看到他,内心一阵激动,以为季桓子派他来挽留自己,哪知道师己对孔子说:"季孙大夫知道您出国远行,特派我来为您送行。"孔子听了很失望。这时候,师己凑近一步,低声说:"我知道您老人家没有过错啊!"这话让孔子非常感动,于是孔子双眼噙泪,说:"难得您来送我一程,就让我唱支歌儿给您听吧。"于是,孔子从车上取下琴来,席地而坐,边弹琴边唱道:

"那妇人的口啊,可以让人出走;那妇人的话啊,可以叫人身死名败。悠闲自在啊,聊以消磨时光!"唱完,孔子登上车,扬长而去。

师己返回国都,季桓子问:"孔子说了什么?"师己将实情相告。季桓子喟然长叹说:"夫子是因为那群女乐的缘故怪罪我啊!"对于孔子的出走,季桓子内心是有点儿愧意的,但是孔子削弱"三桓"的政策实在让季桓子不能接受。这样一个名声传遍天下的人,会被别人嘲笑,说自己不能容人,不能礼贤下士。二者实在是不能两全啊,这就是季桓子要长叹的原因了。

又行了一天,弟子冉有从鲁国赶来加入了孔子的队伍。他问孔子道:"一个国家如果人口已经繁盛起来,还要再做些什么呢?"孔子回答说:"使人民富裕起来。"冉有又问:"富裕以后,再做什么呢?"孔子马上回答说:"教育他们。"孔子是很重视教育的,他认为,卫国虽然看上去很富裕,但人民缺乏教育,正是他施展才能的好地方。孔子还认为教育必须有物质基础,他主张先富后教,这与管仲所讲的"仓廪实而知礼节""凡治国之道,必先富民"是同一个道理。孟子后来也说,即使好年景老百姓的日子都过得苦巴巴的,坏年头连活命都难。活下去尚且不容易,哪有闲工夫学习礼仪呢?

孔子也很懂得抓住时机教育人,从踏上去卫国的路途开始,在长达十四年的旅途中,孔子就是边赶路边教育弟子的。

冉有聪明稳重,有从政才能,只是学习不刻苦。孔子说道:"求呀,我不是生而知之者,是通过学习才获得了知识。"冉有辩解道:"老师,不是我不喜欢你的学问,是我太笨,没力量学好。"孔子说:"假如真是力量不够,走到半路便走不动了,在我看来,现在的你却像是还没向前走呢!"

过了一会儿,冉有又问:"老师,您此次被迫离开鲁国,难道没有怨恨吗?"孔子叹道:"此番出走,是我自己的主意,我不怨天尤人,凡事要多责备自己,少责备别人,这样就没有怨恨了。不然,怨恨会越积越深。我谁也不怨恨啊!"

子贡问老师:"我们离开鲁国,打算怎么办?"孔子说:"作为一个君子,应该做到国家有道就鼎力相助,国家无道则远避他乡。人生在世,必有所追求,不可昏昏然度春秋,茫茫然无所适从。我所追求的是恢复周公礼制,实现天下为公。我此番离开父母之邦,就是去寻求实现理想的途径呀。对于一个无所追求、不知自己该怎么办的人,我对他也不知该怎么办了。"

冉耕问道:"君子和小人有何区别呢?"孔子说:"君子严于律己,宽以待人;小人则宽以待己,严于律人。"

子路问:"君子也有怨恨吗?"孔子道:"君子担心的是自己没本事,不怨恨别人不了解自己。"过了一会儿,孔子又补充道:"若说君子也有怨恨,那就是无所建树,空忙一生,不被人们称颂。"

就这样，孔子与弟子们一路行，一路讨论，不知不觉就来到了帝丘城。

不久，卫国发生了公叔戍叛逃事件。公孙戍是卫国大夫公叔文子的儿子，公叔文子死后，公孙戍继承了父亲的爵位。公叔文子是一个贤人，在卫国声望极高，孔子来卫国前就知道他的声名。孔子因为很尊敬他，所以来到卫国后和公叔家比较亲密，他门下的一些弟子跟公叔戍的关系都比较好。但是公叔戍一点也不像他父亲，非常骄傲跋扈，很不守本分。后来公叔戍与他的同伙一起密谋，准备除掉卫灵公的夫人南子及其同党，被南子发现并告诉了卫灵公。卫灵公大怒，把公叔戍及其同党驱逐出了帝丘城。公叔戍逃到他的采邑蒲（今河南长垣），发动了叛乱，后来又逃到鲁国，他的同党赵阳逃到了宋国。孔子初来乍到，一时没有摸清是什么状况，所以也就对公叔戍叛逃的事件没有做出明确的表态，这让卫灵公很不满，他甚至怀疑孔子是公叔戍的同谋。

这时候，卫国也有很多人对孔子一来就取得优厚的报酬不满，他们很多人一辈子辛辛苦苦地为卫灵公做事，得到的报酬却远远赶不上从外国流浪来的孔子，所以他们就在卫灵公面前说孔子的坏话，还在民间散布流言，说孔子带了这么多的弟子在卫国，恐怕没安好心。

于是，卫灵公就让公孙余假到孔子的住所监视他们师徒的行动，这让孔子感到非常难以接受，也害怕继续待下去会获罪，于是萌生了去意。这时，公良孺劝孔子到陈国去碰碰运气，孔子便同意了这个建议。

鲁定公十三年（公元前 497 年）年底，孔子带着众弟子离开了卫国。

▶ 匡、蒲受阻

孔子师生一行往陈国而来,这天到了一个叫匡邑(今河南长垣境内)的地方。

匡邑原本是卫国的领地,后来被郑国占领。但是到了鲁定公六年(公元前504年),鲁、郑两国交战,鲁定公率师进攻郑国,阳虎带领一队人马占领了匡邑,后来阳虎兵败逃脱,路过匡邑的时候曾在此杀人放火,抢劫财物,无恶不作,所以当地人都恨死阳虎了。孔子的学生中有个名叫颜刻的,当年鲁定公攻打郑国的时候,他曾经随阳虎占领过匡邑。这次又来到这里,颜刻就有点得意了,他打了一个响鞭,用马鞭子指着一处城墙,大声对孔子及其他随行弟子说:"我们当年进攻匡邑时,就是从这里打开缺口的!"

这话正好被几个匡人听到,他们误以为是鲁国的阳虎来了,并把孔子当成了阳虎。原来,阳虎也是个大个子,和孔子差不多,并且匡人对阳虎的相貌也不是很清楚,这次听了颜刻的话,大吃了一惊,就马上去禀报了当时匡邑的主人匡简子。

匡简子一听,心中立刻涌起恨意,当年阳虎在这里的暴行他还记着呢,于是马上派兵前来攻打孔子一行。孔子师徒被前来抓捕的大队人马吓了一大跳,虽也做了些抵抗,但终因寡不敌众,被抓的抓,跑的跑了。孔子年纪大了,没跑得脱,被匡人抓到,押到城内关了起来。

那些四处逃窜的弟子知道老师被抓起来后,也都义无反顾地来到了老师身边,表现出非常高的气节。颜回是最后来的一个,因为他的身体最弱,所以行动比较慢。孔子看到自己最心疼的弟子回到了自己的身边，感到十分欣慰，就笑着对颜回说："颜回呀，我还以为你死了呢！"颜回回答说："您老人家健在，我怎么敢死呢！"他们二人在这种时刻表现得非常轻松。

孔子和众弟子就这样被匡人严密地看管了起来。孔子虽然一再向他们说明自己的真实身份，但是匡人一时不能确认眼前的这个大个子到底是阳虎还是孔子，就抱着宁可弄错也不能放过的心态，不肯放人，生怕失掉了向阳虎报仇的机会。

经过一番波折，匡人终于搞清了他们的身份，原来真的是孔子和他的弟子，其中并没有阳虎。又加上孔子派弟子请来了卫国的宁武子相助说了些好话，匡人最后放了他们。

离开匡地后，孔子感慨地对弟子们说："你们若不见峭壁悬崖，就不知从悬崖坠落的可怕。若不亲自到深潭中试探深浅，就不知道溺死的危险。若不见大海，就不知道惊涛骇浪是怎么回事。今后遇事都要知因，分析本质，预测事故处理结果。谁能掌握这三项原则，就不会被忧患缠住了。"

再说帮忙解围的宁武子，他姓宁名俞，是卫国著名的大夫，"武"是他的谥号。他虽经历卫国两代政治变动，却都在任大夫，乃两朝元老。宁武子具有出色的外交才干和果断处理内政的能力。他任职期间，正值晋、楚争霸中原之时。卫国弱小，晋、楚两国呈两面夹击之势，内忧外患不断，饱受欺辱。卫君成公一度逃亡在外，遭到晋侯的抓捕和囚禁。在这种复杂的局面下，宁武子多次出来为国君排忧解难，帮其渡过险关。孔子说："宁武子，邦有道，则知；邦无道，则愚。其知，可及也；其愚，不可及也。"讲的是，宁武子仕卫，在文公、成公之时。当国君有道，政治开明时，他就发挥其聪明才智，全心全意为国家效力；当国君无道，政治昏暗时，他便装糊涂，对一切事不闻不问。孔子认为，宁武子的那种聪明别人都能做到，可他那种大智若愚是一般人无法企及的。"愚不可及"的成语就是来源于此。

在孔子困于匡邑时，宁武子在卫灵公和他的夫人南子面前为孔子说了很多好话，消除了卫灵公的怀疑，宁武子在调解匡人的同时也托人向孔子表达了卫灵公欢迎他们回去的意思。孔子考虑到这么一大群人的生计问题，最后同意了回卫国去，毕竟卫国给他的待遇很优厚。这样孔子就又踏上了返卫的道路。

快到卫国的边境的时候，他们在蒲邑再次被劫持了。原来这时被卫灵公驱逐到蒲邑的公叔戍已经公然发动了叛乱，他为了壮大声势，派人拦截孔子一行，强迫他们参加叛乱队伍。孔子尽管对公叔戍的父亲公叔文子十分敬仰，但对公叔戍这种"乱臣贼子"的行为一向是非常反感的，何况这次就是要和他们划清界限，以便回到卫国，所以断然加以拒绝。公叔戍看到这个情况，就想把孔子抓起来再说。

孔子的贵族弟子公良孺是个勇士，武艺高强，这时候挺身而出，对孔子说："我昔日跟着您在匡遭遇危难，如今又在这里遭遇危难，这是命啊！我与您再次蒙难，宁可搏斗而死。"于是，带领自己的手下同蒲人展开了交战，子路和其他弟子也立即上阵助战。就这样，双方在蒲邑近郊展开了一场激烈的战斗。由于公良孺和子路骁勇善战，其他人也合力拼杀，公叔戍一时也拿孔子他们没有办法，于是就要求谈判讲和，条件是只要孔子答应不回卫都帝丘，就放他们一行离开蒲邑。孔子爽快地答应了，蒲人这才放行。

孔子带领弟子们离开了蒲邑，但是，一离开蒲人的视线，孔子马上命令掉转车头，向帝丘前进。弟子们不由得一怔，因为他们认为品德一向高尚的孔子是不会违背盟誓的。这时候向来话最多的子贡就问老师："刚才与蒲人的盟誓难道可以违反吗？"

孔子斩钉截铁地说："那是强迫下的盟誓，不代表我们的真心实意，神灵是不会听信的！"

▶ 子见南子

　　因为误会消除了，尤其是孔子在蒲邑的表现令卫灵公感到很满意，所以他听到孔子回来了，非常高兴，亲自到帝丘之郊迎接了孔子。孔子看到卫灵公如此相待，也决定在卫国停留一段时间，看看是否能有所作为。

　　此次回来，卫灵公咨询孔子的第一件事，就是能否讨伐蒲邑。

　　卫灵公问："蒲邑能讨伐吗？"孔子说："可以。"卫灵公说："朝中大夫讲，蒲乃卫防御晋、楚之屏障，出兵伐蒲，自毁屏障也。"孔子说："为国为君，蒲之男有捐躯之志，蒲之女有卫家之心，皆不愿随贼叛乱。讨伐逆贼，唤起蒲地老百姓，这是在加固屏障啊！我想讨伐的不过是为首作恶多端的几人，切记不要祸害大多数老百姓。"卫灵公觉得孔子的意见很有道理，但是综合大臣们的意见，他还是没有派兵讨伐，只是将蒲邑监视起来，静观其变。

　　孔子这次回到卫国，住在自己的老朋友蘧伯玉的家里。蘧伯玉比孔子大二十多岁，在卫国有极高的声望。他在孔子任司寇的时候，曾派使者到鲁国拜访过孔子。

卫灵公像

蘧伯玉早年不为卫灵公所用，虽然卫国贤大夫史鱼多次给卫灵公上书，请求重用蘧伯玉，但是卫灵公不听。史鱼临死前嘱咐儿子："以蘧伯玉之才德，做相国也可以胜任，怎奈主公昏聩，我屡讲无效。我死后，你不要治丧于正室，此为尸谏。主公若以社稷为重，或许会重用他。"史鱼之子依此行事，卫灵公最终重用了蘧伯玉。后来蘧伯玉见卫灵公迂腐无能，无所作为，还是主动辞官不干了。

孔子愿意和蘧伯玉这样的贤士交往，也通过蘧伯玉再次打理了在卫国的关系。但是像子路的连襟弥子瑕，虽然也是卫灵公的宠臣，但他"幸于灵公不以正道"，这样的人孔子是不屑于与之为伍的。

这时候卫灵公的夫人南子派人对孔子说："各国的君子，愿意与我们国君建立像兄弟一样的交情的，必来见我们南子夫人，我们南子夫人很希望见你。"这让孔子感到很为难。

原来南子的名声非常不好。南子生得十分俏丽而富有风情，原本是宋国的公主，在还未出嫁时就和她的堂兄公子朝私通。嫁给比她大近三十岁的卫灵公后，又与弥子瑕通奸。后来公子朝因政治斗争失败逃亡到卫国，卫灵公见公子朝一表人才，就将其纳为了宠臣。这样公子朝不仅和老情人南子藕断丝连，后来还与卫灵公的母亲太夫人有了不正当的男女关系。

现在南子想通过会见孔子给自己增加一点好名声，孔子也不想得罪南子夫人这个人物，而且南子究竟是什么样的人，孔子就想百闻不如一见，于是就去见南子了。

这一天，南子精心打扮后，坐在薄纱帐之后接见了孔子。孔子向其行叩拜礼，南子夫人在纱帐中回拜，所佩戴的玉器发出非常悦耳的声音，场景颇为"香艳"。有一幅《子见南子》的壁画，生动地描绘了当时的情景：南子夫人隐于薄薄的纱幔之后，美艳不可方物。而孔子则低首跪拜，观者只能看到其三分之一的面部，完全看不清他的表情。

回来后，孔子非常兴奋，眉飞色舞地向弟子们讲述起相会的情景，这让孔子的很多弟子感到不解，孔子看自己有点兴奋得过了头，就解释说："我一向不愿去见她，见她不过是依礼行事而已。"

子路对老师的行为感到非常生气，认为他不该去见这个名声不好的女人，就说："老师常给弟子讲礼义廉耻，自己却为什么偷偷地去会见南子？"孔子十分着急，不得不对他赌咒发誓说："我如果做了错事，老天会惩罚我的！老天会惩罚我的！"

不管怎样，孔子见南子后还是产生了一定的效果，如子路在叛乱平息后被任命为蒲邑宰，高柴也做了官。但是孔子却迟迟得不到重用。为此孔子多次对他在卫国交的那些朋友说："如果有人用我管理政事，一年就可以初见成效，三年便会有成就了。"求仕之情溢于言表。这话肯定已经传到了卫灵公那里，但卫灵公仍然没有让他做官的意思，这使孔子十分失望。

就在这时，发生了卫灵公邀孔子出游之事，这事又和南子有关。

卫灵公想在国人面前争个礼贤下士的美名，便邀请孔子到帝丘大街上游玩。卫灵公与南子同乘一辆豪华的车，由宦官雍渠驾车，让孔子乘坐第二辆普通的车，在卫都帝丘的大街上招摇过市。卫灵公与南子在车上故意大声谈论，尽情欢笑，引得很多老百姓驻足观看。

这使孔子感到很难为情，觉得自己成了别人用来做摆设的工具。这次"招摇过市"，让孔子彻底明白了自己在卫灵公心目中的位置。他作为客卿，拿着高额的俸禄，只能陪卫灵公聊天、解闷、狩猎、出游。卫灵公到郊外迎接他，现在邀请自己游街，并非敬慕他，而是以"敬贤"之名欺骗国人。

所以他感到了羞耻。他的弟子颜刻问他："老师为什么会这样呢？"孔子说："《诗》云：'觏尔新婚，以慰我心。'"接着长叹一声说："吾未见好德如好色者也。"一个注重道德修养的人是不会如此热衷于声色的啊！

▶ 宋国之行

卫灵公四十二年（公元前 493 年）的春天，卫灵公出去郊游，叫他的小儿子郢驾车。卫灵公怨恨太子跑了，对郢说："我将立你为继承人。"郢回答说："我的资历不够，恐怕有辱社稷，还是再考虑考虑吧。"卫灵公死后，南子夫人就要立郢为太子，说："这是灵公的遗命。"郢说："有逃跑的太子蒯聩的儿子辄在，哪里轮得到我呢？我不干。"于是，南子夫人立辄为国君，这就是卫出公。

这边郢在忙不迭地让位，那边太子蒯聩却想着从自己儿子手里夺回本应属于自己的君位。当时蒯聩在晋国赵简子那里避乱，赵简子也想送蒯聩回来当新国君，这样的话，卫国就会永远听他的了。不巧的是，从鲁国出逃的原季氏的管家阳虎也在赵简子那儿避难，他一向坏招比较多，就让蒯聩用麻布包裹发髻，另派八个人穿着丧服，装成从卫国来迎接奔丧的样子，哭着骗开了卫国戚城（今河南濮阳北）的城门后占领了该城。蒯聩扬言要进入帝丘与儿子争夺君位。戚城距离帝丘只有四十里，这给国都造成了很大的威胁，于是卫出公在齐国的支持下，开始攻打戚城，这样，一出父子相残的悲剧就开始了。

孔子一向反感战争，躲避战争，这次的父子相残更是让他感到痛心疾首，他觉得此事违背了人伦，于是就毅然离开了卫国。一直往南行走，经过曹国，这天孔子来到了芒砀山。

芒砀山，就是后来汉高祖刘邦斩蛇起义的地方。孔子一行走到这里的时候，天上突然下起大雨。师徒们一时无措，只好躲进山洞避雨。虽然自己的衣服被淋湿了，但孔子最关心的还是车上装载的书籍。雨过天晴后，孔子让弟子们把淋湿的书籍搬到洞外的平台上晾晒，直到将书籍全部晾晒干后，才又与弟子们开始了新的行程。后来，孔子避过雨的这座山被人们称作"夫子山"，他避雨的地方被称为"夫子崖"，他率弟子晒书的那个石头平台也被人称作"晒书台"。当地百姓说也许是孔子治学的精神感动了老天，从此，"晒书台"上一年四季便不再下露水。

不久，他们来到宋国。宋国，以今河南商丘为中心，地跨鲁、豫、皖三省。宋国是孔子的先祖生活过的地方，还是他的夫人亓官氏的家乡。孔子年轻时曾到此学殷礼，几十年后重来，孔子倍感亲切，打算在这里长期住下来。

考虑到宋国国君和自己有着很深的血缘关系，孔子主动前去拜访了当时的国君宋景公。但是宋景公对这位年近六十、声名显赫的同胞，并未表现出什么热情。他的谈话也让孔子感到很不舒服。

他问孔子："我想使国家永远传承下来，我想得到更多的城镇，我想使百姓对我绝对信任，我想让武士们对我忠心耿耿，我想让圣人自动上门报效，我还想使官府得到治理，官员们都清正廉洁。要想实现这些愿望，应该怎么办呢？"

孔子听见他满口强调自己的欲望，就有些不高兴，慢吞吞地说："邻国互相亲善，和睦相处，国家就不会消亡；国君施惠百姓，臣民忠于国君，就会多得城市；不滥杀无辜，不姑息罪人，秉公执法，百姓就会对国君绝对信任；礼贤敬士，俸禄优厚，士人都会竭忠尽力；尊敬上天，善事鬼神，就会季节适宜，风调雨顺；崇尚道德，讲求礼仪，圣人就会自动上门报效；任贤使能，惩罚奸佞，官府就会得到治理，官员就会清正廉洁。"

但是宋国的情况和孔子的理想恰恰相反，城池残破，哀鸿遍野，人民生活困苦，全国一幅没落的景象。而此时宋国的司马桓魋（tuí）横蛮凶残，奢侈享乐，欺压民众。为了使自己在死后能不朽，他还命令工匠们给他做大型的石椁，由于工程艰巨，三年还没有完成。工匠们为桓魋干活，吃不饱穿不暖，病弱者渐渐死去，还有被石板压死的，大家怨声不绝。孔子当时气愤地评论说："像桓魋这样奢侈浪费，不爱惜民力财物的人，他死后还是快点烂掉的才好。"

这话很快就传到了桓魋那里，桓魋怪孔子多嘴多舌，就想好好教训教训孔子一行。孔子一行居住的院子里有一棵大树，依照他们在鲁国的老规矩，孔子的教学活动就在树下进行。桓魋既想给孔子一点颜色看看，又不想让人说自己嫉贤妒能，所以就派人去把那棵大树砍掉。

那伙人不由分说，来到孔子住的院子里，不由分说就动手砍了那棵大树，临走的时候还警告说："你们给我老实点，不然杀了你们！"

孔子和弟子们被搞得目瞪口呆，半天说不出话来。弟子们担心若是桓魋还未能达到目的，可能会采取下一步迫害行动，所以都劝孔子说："这里的人不欢迎我们，我们有理由快速离开这里。"

孔子回答说："天生德于予，桓魋其如予何？"意思是说，老天爷把德行赋予给他，桓魋又能把他们怎么样呢？不用怕他。

后来，在子路等弟子的力劝下，他们还是共同分析了形势，认为桓魋是一个凶横残暴的家伙，什么坏事都能干得出来。为了自身的安全，必须迅速地离开这里。

开始，他们打算往南前去陈国，但是事情不够保密，消息被传了出去，他们害怕桓魋以盗贼的身份在半路上截击，便决定改变南去陈国的计划，而取道西行。为了缩小目标，他们一行人又分成几个小组，每个人都穿上宋国普通老百姓的衣服，在夜里秘密潜出宋国国都商丘。他们出了南门后，立即折而向西，分头赶往郑国，在郑都新郑（今属河南）郊外汇合。

桓魋的手下侦察到孔子的住所里没人了之后，立即向桓魋报告。桓魋马上下令分路追截。但因为觉得孔子等人会向陈国逃遁，追错了方向，几路人马都扑了空。孔子师徒侥幸逃出了虎口。

名人名言·挫折

1. 患难困苦,是磨炼人格之最高学校。

   ——〔清〕梁启超

2. 我认为挫折磨难是锻炼意志、增加能力的机会,讲到这一点,我还要对千方百计诬陷我者表示无限的感谢!

   ——邹韬奋

3. 通向人类真正的伟大境界的道路只一条——苦难的道路。

   ——〔美〕爱因斯坦

4. 顺境中的好运,为人们所希冀;逆境中的好运,则为人们所惊奇。

   ——〔英〕培　根

5. 我总设法把每桩不幸化为一次机会。

   ——〔美〕洛克菲勒

6. 被克服的困难就是胜利的契机。

   ——〔古罗马〕贺拉斯

7. 不管遇到什么障碍,我都要朝着我的目标前进。

   ——〔德〕马克思

8. 不经巨大的困难,不会有伟大的事业。

   ——〔法〕伏尔泰

9. 不论面对任何困难,都决不屈服。

   ——〔法〕居里夫人

10. 不幸是一所最好的大学。

    ——〔俄〕别林斯基

◁ 第七章 ▷

Kongzi

思乡之情

近乡情更怯，不敢问来人。

——〔唐〕宋之问

陈国待召

孔子一行离开新郑,来到了陈国。那是鲁哀公三年(公元前492年)五月左右。

陈国的国土面积非常小,介于宋、楚之间,由于人口不多,经常受到邻国的骚扰和掠夺,国力相当衰弱。陈国的国都在宛丘(今河南淮阳),孔子师徒来到宛丘后住进了陈国大夫司城贞子的家里。然后又通过他的引见,见到了当时陈国的国君陈愍公。陈愍公虽地处小国,但早听说了孔子的大名,所以非常乐意接见他。孔子一看陈愍公的态度还不错,就在陈国住了下来。

不久,发生了一件事,让陈愍公特别佩服孔子。

这天,有只中箭的隼落在陈愍公的庭院中死了,楛木箭杆穿透了它的身子,箭镞是石制的,箭长有一尺八寸。大家都不知道这个隼是从哪里来的,谈论来谈论去,也没谈出个结果,这时候陈愍公想起了博学的孔子,就派人去问他。

孔子说:"这个隼飞来的地方很远啊,这是肃慎部族的箭呢。从前周武王攻灭商朝,打通与四方各个蛮夷部族的道路,让他们各自将那里的地方特产送来进贡,使之不忘记应尽的义务。当时肃慎部族进贡了楛木箭杆、石头箭镞,箭长一尺八寸。先王为了昭彰他的美德,把肃慎进贡的箭分赐给长女大姬,又将大姬许配给虞胡公而封虞胡公在陈。要知道,周武王将珍宝玉器赏赐给同姓诸侯,是要扩大加深亲族的关系;将远方献纳的贡品分赐给异姓诸侯,是要让他们不忘记义务,所以把肃慎的箭分赐给了陈国。"接着孔子又说,"这种箭,陈国应该有的啊!"

陈愍公一听,马上派人到旧仓库中去寻找,果真找到了这种箭。

　　这件事让陈愍公对孔子的博学多闻惊异不已,感到圣人果然不同凡响。于是,陈愍公给了孔子很高的礼遇,让他们住在最好的馆舍,又聘请他充当自己的顾问。过了几天,又发生了一件事,让陈愍公对孔子更加佩服得五体投地。

　　这一年夏天,鲁国的两个庙堂失火烧了起来。南宫敬叔去救火。孔子在陈国听到了这个消息,就说:"火灾一定发生在桓公、僖公的庙堂吧!"原来桓公是鲁国八世祖,僖公是鲁国的六世祖。按当时的礼制,他们的宗庙应该在四世以后就被毁掉。但由于鲁国当权的"三桓"为桓公的后代,而他们执掌鲁国国政又在僖公之时,出于私心,他们违礼保留了这两个国君的宗庙。这让一直宣传礼制的孔子很不满,心里巴不得赶快把这两个庙堂烧掉。

　　过不了多久,鲁国的消息传来,被烧的果然就是这两座庙堂。陈愍公一看孔子简直神了,就对他更加客气了。

　　孔子这时候已经是六十多岁的老人了,他在周游列国的这些年,不是受到冷遇就是受到威胁,现在陈国虽然没有重用他,但是给他的待遇非常不错,也没有对他有什么猜疑,于是孔子就安心住下来了。他想,既然在政治上难以施展才华,那就在这相对稳定的日子里把精力多放在教学上吧。

　　孔子很多有名的学生,像陈国的陈亢、巫马期、子张,晋国的子夏,吴国的子游等人都是这个时候成为他的学生的。

　　这时候孔子离家已经十多年了,他不免开始想家,不知道他的妻子怎么样了,不知道他的儿子伯鱼过得可好。他不停打听鲁国的消息,幻想着自己重返故国的那一天。

　　不久,鲁国传来了消息。那是公元前492年的一个秋天,季桓子死了。季桓子在病重的时候,坐在辇车上望着鲁都的城墙,深深地叹息道:"昔日这个国家快要振兴了,因为我得罪了孔子,所以不兴旺了。"接着回头对他的继承人季康子说:"我如果死了,你必定为鲁国之相。你担任鲁国之相的话,必须召请孔子回国。"

几天后，季桓子去世，季康子继位。安葬完季桓子后，季康子打算召请孔子，这时候大夫公之鱼对季康子说："往日我们的先君任用孔子有始无终，结果为诸侯所耻笑。现在又要起用他，若不能有始有终，就会再次为诸侯所耻笑。所以，此事还是三思而后行。"季康子问："那召请谁可以呢？"公之鱼说："一定要召请冉有。"于是季康子派出使者来到陈国召请冉有。

冉有将要上路，来找老师辞行，孔子说："鲁人来召你，不是小用你，是将要大用你啊。"停了一下，孔子又深情地说，"回去吧！回去吧！家乡的弟子们有远大志向，但行为粗率简单；有文采但还不知道怎样来合理应用。"子赣知道孔子想回去，他去送冉有起程时，趁机告诫说："倘若鲁国任用你，你一定要找机会让老师回去啊。"

这时候，孔子已经在陈国待了三个年头了。他不仅思念家乡，还思念着他家乡的弟子们。孔子出来周游列国，只带了一小部分弟子，大部分弟子都留在了鲁国，他现在想起他们的一言一行，想起他们在鲁国做了很多努力和贡献，而且没有违背自己的教导，甚是欣慰。但是，他们还有很多地方，需要老师的教导，他们"狂简"，"斐然成章，不知所以裁之"。

此时的孔子目标很明确，他已经不考虑继续在仕途上努力了，而是决定全力从事教育活动。他年过六十，到了所谓的耳顺之年，显然，要开始考虑他的遗产问题了——他能留下什么？薪尽火传，这个时候，带出更多更好的弟子来，显然比其他什么遗产都要更宝贵。他想回归自己的第一个身份——老师。

但是，作为一个做过大司寇的人，一个负气出走的人，要回去，就涉及一个以什么形式回去的问题，这是一个难题。

冉有回鲁国后，做了季氏的家臣。他虽然一再向季康子进言，希望召回孔子，但季康子想起公之鱼的话就犹豫了，他摸不清楚孔子的思想动态，不知道会发生什么事。如果他知道孔子一心想着教书育人的话，一定会答应冉有的请求的。

孔子在冉有回国后，一直竖着耳朵听着鲁国的消息，但他失望了。

▶ 克服饥饿

在孔子翘首盼望鲁国的消息的时候，却从楚国传来了好消息——楚昭王想要聘请孔子去楚国，并打算以书社之地七百里封赏孔子。

楚国是一个大国，横跨长江中游，占有广大的平原地区，这里土地肥沃，粮食充足，人口众多，国力强盛。当年楚庄王称雄，从长江打到黄河，威风一时，现在虽然不像以前那么威风了，但是瘦死的骆驼比马大，还是很有几分大国的气势。

现在的局势是，楚国是陈国的保护国，和吴国战争不断。在孔子刚到陈国的那一年，吴王夫差带兵攻打陈国，夺取了三个城池。现在战火重起，楚国和陈国联合起来抵抗吴国，在城父一带展开交战。楚昭王亲率楚军，坐镇城父（今河南平顶山市）。

孔子在受到楚昭王聘请后非常高兴，可以说是兴奋异常，他想，能在这样一个大国施展自己的政治理想，是再好不过的事情了。这时候陈国首都宛丘的气氛非常紧张起来，因为吴兵可能很快就会兵临城下。孔子在这个时候决定带领弟子们去楚国，于是在跟陈愍公辞行后，师徒一行急忙南下去楚国了。

孔子师徒一行向南走了一天后，来到了原来的蔡国。这蔡国原来是一个紧邻着陈国的古老的小国，在春秋各国争战不断的情况下，饱受周围大国的欺凌。蔡国受不了楚国的压迫，就投靠了吴国，与楚国对立起来。因为楚国与吴国，以及北方的晋国与郑国常年在蔡国境内争战，所以蔡国境内已是尸横遍野，千里无鸡鸣的破败景象。原来的城镇变成了废墟，人也差不多逃光了，土地一片荒芜。

　　这时，楚国和吴国正在激战，孔子一行为了躲避吴兵，也是担惊受怕，不得不走了很多弯路，他们从宛丘出发时匆忙中带的一点粮食眼看就要吃光了，而此时离楚国的边境还非常遥远。

　　这时候，蔡国人也得到了孔子要去楚国的消息。他们认为孔子是当时的贤士，每到一国，都能针对该国的状况向国君提出治国的方针，因此担心孔子一旦被楚国所用，那么蔡国人就危险了。于是，蔡国派出士兵对孔子一行进行拦截，孔子师徒只得东躲西藏，处境越发艰难了。

　　因为没有粮食，很多弟子都饿得走不动了，有的还生病了，只得找个地方躲起来休息。孔子派身体强壮的子路和口才好的子贡出去找粮食和水，自己则坐着弹琴解愁。

　　子路和子贡找了半天，什么也没有找到，回来一看，孔子还在那里弹琴呢。子路就上来问老师："君子也有穷困的时候吗？"孔子瞅了子路一眼，停止弹琴，平静地说："当然有。但是君子在困窘面前能坚守节操不动摇，小人遇到困窘就会不加节制，什么过火的事情都做得出来。"

　　孔子看学生们一个个愁眉苦脸，垂头丧气，就找他们一一谈话。他问子路："《诗》中说，'不是犀牛，不是老虎，徘徊在旷野里，是什么缘故？'我的主张难道错了吗？为什么困在这里？"子路想了想，回答说："是不是因为我们还未达到仁的境界，所以人家对我们不相信？是不是因为我们思虑不够周密，所以人家不放我们通行？"孔子对子路的回答很不满意，大声说："是这样吗？仲由！假如仁人君子必定得到信任，哪里还会有伯夷、叔齐饿死首阳山的事情发生呢？假如智慧之人谋划的事情就一定行得通，怎么还会有比干剖心的悲剧！"

　　子路被说得没话答，就躲到一旁回味孔子的话去了。

　　孔子又走到子贡的面前说："《诗》中说，'不是犀牛，不是老虎，徘徊在旷野里，是什么缘故？'我的主张难道错了吗？为什么困在这里?"子贡回答说:"我认为先生的理想已经达到顶峰了,所以天下不能接受这种理想。您是不是可以将您的理想稍稍降低一点,以适应人们的接受水平呢?"孔子对子贡的回答也不满意。他说:"赐呀,你听我说。一个优秀的农夫能够种出长势良好的庄稼,但却未必能收获它。一个娴熟的工匠能够造出性能优良的器具,但却难以使每一件都尽遂人意。同样的道理,仁人君子能够提出他宏远的理想,能够提出严密而且整齐的纲纪,能够提出系统而可行的实施方案,但却不能保证一定会为社会所接受。今天你不把自己的行动基点放在培养自己的理想上,反而要降低理想以求得社会的容纳和接受。我说赐呀,你的志向实在不够远大啊!"

子贡也没有话答,躲到一旁去了。

这时候,颜回过来见孔子。孔子又拿问子路、子贡的问题来问颜回。只听颜回回答说:"夫子的理想宏远伟大到极点,所以天下难以容纳和接受。虽然如此,夫子还是极力推广实行,即使不被社会容纳和接受又有什么关系?不被容纳和接受才能显出君子的风格!理想不完善却不去改进,是我们的耻辱。理想已经完善,而不被容纳和接受,就是各国当权者的耻辱了。正确的主张不被采纳又有什么关系?不被采纳而仍然能够坚持,才更能显出君子的风格!"这段话说得慷慨激昂。身体柔弱的颜回,内心里却有真正的勇敢和坚定,有充沛的激情。在这个令人悲观失望、委靡不振的气氛中,颜回这样鼓舞士气的话太重要了。

听完颜回的话,孔子高兴地笑着说:"真有你的,颜家的好小子!如果你将来发了大财,我愿意为你当管家。"

老师说给弟子做管家,其他的弟子一听,当然觉得好笑,所以都哈哈大笑起来,暂时忘掉了烦恼,又重新鼓起了斗志。

孔子作为一个教育家,会抓住很多适当的机会,甚至在我们看起来是很严峻的考验,在他那里却能作为教育的素材。大家在讨论中提高了认识,树立了自己对道德认知的信心。

这场讨论结束以后，孔子就派了最善于外交的子贡化装到楚国去搬救兵。

同时大家都全力去寻找充饥的东西了，后来找到了湖中白嫩甘甜的蒲根，大家以此为食，苦苦等待救兵。据说，今天淮阳著名的宴客特产蒲菜，就是孔子当年被困时发现的。

七天之后，子贡带着楚国军队和粮食来了。

▶ 孔子与叶公

子贡带来救兵的时候，大家都饿得奄奄一息了。不过好在孔子身体强壮，意志力坚定，而且从小吃过很多苦，没少挨过饿，所以虽然年纪很大了，还是坚持了下来。后来，孔子对受困陈、蔡间的事情一直铭刻在心，他曾经在弟子们先于自己去世的时候，伤感地说："从我于陈蔡者，皆不及门也。"意思是说，跟从我到陈、蔡的弟子，现在都不在我的身边了。

孔子一行吃饱后，一起前往楚国。不久，他们来到了楚国北部的边防重镇负函（今河南新蔡附近）。当时负函的行政长官叶公沈诸梁热情地款待了他们。因为这时楚昭王正在城父一带指挥交战，孔子一行没有接到楚王召见的命令，所以就在负函住了下来。

在城父的楚昭王得到孔子师徒平安到达楚国的消息后，十分高兴，他知道孔子不仅才能出众，而且有很多很有本领的弟子，就打算把有户籍登记的七百里地方封给孔子。

这时候楚国的令尹子西赶忙站出来阻止说："大王派往诸侯国的外交使者，有像子贡这样的吗？"昭王说："也没有。"子西又问："在大王左右辅佐的大臣，有像颜回这样的吗？"昭王说："没有。"子西又问："大王的将帅中有比子路更勇武的人吗？"昭王回答说："没有。"子西继续说："大王的各个主事官员，有像宰予这样的吗？"昭王回答说："没有。"子西接着说："我们楚国的祖先在受周天子分封时，封号是子爵，土地跟男爵相等，方圆五十里。现在孔丘讲述三皇五帝的治国方法，深明周公、召公的事业，大王如果任用了他，那么楚国还能世世代代保有方圆几千里的土地吗？想当年文王在丰邑、武王在镐京，也只不过有百里之地，最终却能统治天下。现在如果让孔丘拥有那七百里土地，再加上那些有才能的弟子的辅佐，这并不是楚国的福音啊！"

楚昭王觉得令尹子西说得很有道理，就犹豫了，把封赏孔子的事情暂时搁了下来。过了不久，楚昭王死于城父了，楚国的政治重心便转向了安葬楚昭王和新立的国君上了，便也没有人提起任用孔子之事。

这样孔子就滞留于负函了。他希望得到楚国的重用，但是楚昭王已死；他希望见到新的君主楚惠王，但是楚惠王上任伊始，对楚昭王最终没有封赏的孔子根本没有兴趣。孔子一行也没有更好的地方可去，就只有给叶公做顾问了。

叶公，楚国贵族，本名沈诸梁，字子高。公元前524年沈诸梁受封于叶（今河南省平顶山市叶县），史称叶公。有关叶公，我们应该都听说过这个成语故事——叶公好龙，这个成语讲述了叶公爱龙成癖，天上的真龙知道后，便从天上下降到叶公家里。叶公一看是真龙，吓得转身就跑。比喻表面上爱好某事物，实际上并不是真爱好，含贬义。这是后来儒家的一些人不满他和孔子的分歧，拿他喜欢画龙的爱好故意编排的故事。

叶公好龙

实际上，叶公一生对国家忠诚，对人民爱护，赢得了世人的敬慕。他励精图治，兴水利，劝农桑。他率民众修筑的东、西二陂，可灌溉农田数十万亩，是中国历史上最早的农田水利灌溉工程之一，对叶地的经济发展起到了巨大的推动作用。叶公去世后，还被百姓立祠享祭。

有一次，叶公问孔子负函城的工作重点，孔子回答说："近者悦，远者来。"意思是说，使境内的人乐于接受你的统治，境外的人愿意前来投奔你。因为叶公镇守的是边陲重镇，经常发生战争，百姓逃亡严重，处理本国和其他国家百姓的去留问题是经常会碰到的事情。所以孔子一言道破了叶公的工作重心。

叶公和孔子的最大分歧在关于忠诚这一为人标准上。叶公说："吾党有直躬者，其父攘羊，而子证之。"意思是，我家乡有个正直的人，他父亲偷了别人的羊，他便亲自去告发。叶公显然为楚国百姓这种大义灭亲的社会风气感到骄傲，但是孔子对此不以为然，甚至非常反感，他说："吾党之直者异于是，父为子隐，子为父隐，直在其中矣。"意思是，我家乡正直的人与此不同：父亲为儿子隐瞒，儿子为父亲隐瞒，正直也就体现在其中了。孔子强调的是人与人之间的关系，他认为人伦比法律更重要，正直首先体现在人伦上，而不是法律上。孔子和叶公的思想冲突也是两种地域文化的冲突，来自礼仪之邦的孔子代表的是以人为本的思想，更讲究人与人之间的脉脉温情，特别强调血缘关系是社会的基本伦理之所在，而楚国长期处在风口浪尖，图霸求胜，更加社会化，所以是一种更加简洁直接的文化，更加追求实用性。

因为这个根本性的分歧，叶公对孔子的学说产生了怀疑。一天，他向孔子的弟子子路问道："孔子为人如何？"子路对这种问话比较反感，就没有回答。孔子知道后，责怪子路说："汝奚不对曰：'其为人也，发愤忘食，乐以忘忧，不知老之将至。'云尔？"意思是，你为什么不说，他为人嘛，发愤便忘记了吃饭，快乐便忘记了忧愁，不知道衰老就要到来，类似这样的话。

孔子真的不知道老之将至吗？恰恰相反，他知道自己老了，这次在楚国得不到重用，就再也没有什么机会了，所以他不要求子路向叶公介绍自己的政治理想，也不希望子路给叶公讲他的哲学观点，在这个问题上他和叶公有着严重分歧，他只希望子路告诉叶公，自己不过是个只知道做学问如痴如醉的学者罢了。

▶ 重返卫国

孔子师徒在汉北靠着叶公的赞助，总算过了几年平静的生活。虽然没有再受颠沛流离之苦，没有生命危险，但是楚国的当权者对他越来越冷淡，孔子的年纪也越来越大，因此思乡之情也就越来越浓烈。

鲁哀公七年（公元前488年），吴国和鲁国在一个叫缯的地方会盟。吴国要求鲁国提供很多祭品，鲁国被迫遵行，吴国的太宰召见季康子，季康子自己不出面，就派子贡前往交涉。子贡凭着出色的口才及精明的头脑和吴国进行谈判，维护了鲁国的利益。这让季康子非常高兴，对孔子的这个弟子产生了很好的印象，进而也对孔子产生了好印象。

子贡在完成外交任务后，回到了孔子的身旁，还带来了很多好消息：孔子的家里怎么样了，孔子的儿子怎么样了，孔子那些留在鲁国的弟子们怎么样了。这更让孔子归心似箭，于是在鲁哀公九年（公元前486年）秋天，离开楚国，往卫国而来。因为卫国离鲁国近，一旦得到体面的召见，孔子就可以回家了。

一路上，大家看到战争后到处都是一幅残破景象，满目疮痍，都感到心情很沉重。这时候，一向身体健康的孔子生了一场大病，差点死去。他几天几夜昏迷不醒，不吃不喝，眼看就要断气了，大家都很害怕、很伤心，子路把弟子们当作家臣组织起来，准备筹办丧事。还好，孔子最后时刻挺了过来，不久恢复了健康。

过了几天，孔子知道了子路把大家当作家臣为自己筹办丧事的事，非常气愤。他把弟子们都召集起来，生气地说："仲由干这种骗人的把戏很久了吧？我没有家臣却装作有家臣，我欺骗谁呢？欺骗上天吗？我有喜欢的弟子，而不是有家臣。我与其在家臣的侍候下死去，还不如在你们这些弟子的侍候下死去呢！即使我不能以大夫之礼来安葬，难道会死在路上没人埋吗？"弟子们都不敢说话，但都为孔子这种不爱慕虚荣的精神而感动。

这一天，大家来到了卫国边境一个叫"仪"的地方。仪地的界吏是一位不愿透露姓名的高人，他来求见孔子，怕孔子的弟子不肯引见，说："凡是有道德的君子到我仪地，我未尝不得与之相见。"孔子的弟子们就让他见了孔子。但是孔子和他谈了些什么话就不知道了。他从孔子那里出来的时候说："你们这些弟子们啊，宣传圣人之道，无人能用，好像天之将丧失道德了。你们不要担忧啊，天下不能永远无道，既然无道已久，上天将以夫子为木铎，即由孔子以先王之道来施教于天下。"木铎，古代木做的铎，是用来敲响做警惕用的，金口木舌，里面的铃铛是木头做的，所以声音是比较钝的，听了之后就知道有人要来实行教化了。

鲁哀公十年（公元前485年），孔子师徒一行再次回到了卫国的都城帝丘。这一年，孔子已经六十七岁了。

孔子从上次离开卫国到这次回来已经隔了八年了。这时候，前卫国公子蒯聩和自己儿子争夺国君位的斗争还在继续，晋国曾经为他两次发兵攻打卫国，但都没有成功，后来就渐渐地没什么动静了，卫出公的君位终于比较稳固了。这时卫出公就想利用孔子的声望来进一步提高自己的地位，所以对孔子的再次回归表示十分欢迎。

孔子有很多弟子在卫国做官，卫出公也想请孔子出来执政。子路问孔子说："卫国国君想请您出来执政，您打算首先做什么呢？"孔子回答说："那我首先一定要正名分！"子路说："有这样的事吗？老师您太迂腐了！为什么要首先正名分呢？"孔子说：

"鲁莽啊，仲由！要知道，名分不正，说出来的话就不顺当；说话不顺当，那么事情就办不成；事情办不成，那么礼乐教化就不能兴盛；礼乐教化不兴盛，那么刑罚就不准确适度，那么老百姓就不知怎么办才好。所以君子办事必须符合名分，说出来的话，一定要切实可行，毫不苟且随便才行啊。"

卫出公和自己的父亲争位置，引起了很多人的非议，认为这是违背人伦的，其代表人物就是孔子。现在孔子回来，首先还是提起要正名分，这让卫出公不能接受，他想，难道为了孔子，自己连位置都不要了，去接那个和自己多次交战的父亲回来吗？所以，卫出公就没有给孔子什么职务，不过还是对他很尊敬，保持了他的爷爷卫灵公对孔子"敬而不用"的态度。

有一天，孔子和子贡去到他们原来住过的馆舍，哪知道这一去，正好碰见原来的馆舍主人死了，在举行丧礼。孔子赶忙郑重其事地进去吊唁，当他看到熟悉的老朋友的遗容的时候，不由得伤心地哭了起来。走出馆舍，孔子让子贡解下拉车的一匹骖马，作为丧礼送给了馆舍一家。子贡对孔子的做法很不理解，迟疑地说："这样的丧礼是不是重了一点啊？"孔子瞪了子贡一眼，认真地说："我刚刚进去悼念死者，悲从中来，流下了眼泪。我不想只流泪而没有别的表示，你就照我的话办吧！"

这时候的孔子已彻底放弃了从政的愿望，就把精力放在了整理典籍和收授弟子上了。像惠叔兰、子夏这些后世知名的弟子就是这个时候收下的。他还和弟子们一起深入民间，考察各种礼仪，甚至不顾自己年老体弱的状况亲自担任相礼，为死去的贵族办丧事。他这样有意识地积累有关礼的各种资料，为日后整理文献做好了充分的准备。

就这样，孔子在卫国一边从事学术工作，一边遥望故国，盼望着落叶归根，重返家园。

名人名言·勇敢

1. 卑怯的人，即使有万丈的愤火，除弱草以外，又能烧掉什么呢？

   ——鲁　迅

2. 勇气是智慧和一定程度教养的必然结果。

   ——［俄］列夫·托尔斯泰

3. 勇猛、大胆和坚定的决心能够抵得上武器的精良。

   ——［意大利］达·芬奇

4. 勇敢就能扫除一切障碍。

   ——［苏联］帕斯捷尔纳克

5. 勇气不仅仅是一种美德，而且还是各种美德在经受考验时，也即在最逼真的情形下的一种表现形式。

   ——［英］刘易斯

6. 任何卓越的胜利总多少是大胆的成果。

   ——［法］雨　果

7. 报复不是勇敢，忍受才是勇敢。

   ——［英］莎士比亚

8. 勇敢里面有天才、力量和魔法。

   ——［德］歌　德

9. 你若想尝试一下勇者的滋味，一定要像个真正的勇者一样，豁出全部的力量去行动，这时你的恐惧心理将会为勇猛果敢所取代。

   ——［英］丘吉尔

10. 谁是不可战胜的人？那种在任何时候都临危不惧的人。

    ——［古罗马］爱比克泰德

第八章

Kongzi

孔子之卒

父在，观其志。父没，观其行。三年无改于父之道，可谓孝矣。

——〔春秋〕孔　子

▶ 丧子之痛

孔子的一生，是波澜壮阔的一生。他官至大司寇，在各国都受到尊敬和礼遇。他深邃的思想，对后世产生了永久的影响。他桃李满天下，弟子门生无数，受到弟子们的爱戴和敬仰。

但是，他的家庭生活是不幸的。从小丧父，跟随着单身母亲艰难度日，十七岁时母亲又离他而去。他很快娶妻生子，但是后来离国出走，十四年没有回家，在晚年也没有感受到家庭的温暖，没有享受到天伦之乐。

他的妻子亓官氏，是宋国亓官之后，出身书香世家，自幼知书达理，温柔贤淑，与孔子感情甚好。为了帮助孔子实现自己的理想，亓官氏做出了莫大的牺牲。孔子颠沛流离于各诸侯国，她在家辛苦维持家业，却无一句怨言。正因为妻子的默默付出，孔子才能无后顾之忧地努力奔走各国，并成就了一代圣贤之名。但是妻子在孔子就快要回国的时候去世了，孔子连她最后一面都没有见着。

就在孔子受季康子厚礼邀回，本以为可以多享受一点家庭的天伦之乐的时候，他的儿子孔鲤又先他去世了。这是鲁哀公十三年（公元前482年），这时候孔子六十九岁，孔鲤四十九岁。

老来丧子，让孔子悲痛欲绝。孔鲤是孔子唯一的儿子，他温顺善良，孝顺体贴，和蔼可亲。孔子一生教育过几千弟子，但因为孔鲤资质平常，也就没有特别地教导他，而是和其他弟子一视同仁，这样孔鲤也就没有什么特别的成就，多数时间是在为家事操劳。孔子虽然官至大司寇，但是并没有为儿子谋取过官职，孔鲤去世的时候只是一个普通的士。孔子周游列国十四年，父子不能在一起团聚，感情上只落得个彼此挂念。现在儿子先孔子而去，给孔子的一生留下了永远的遗憾。

孔子一生都是个守礼的人，对于儿子的丧礼，他也要求完全按照礼制的规定操办，有棺无椁，简单而隆重地将儿子送进了城北的墓地。有人建议以大夫的礼仪安葬孔鲤，具体来说就是提出给孔鲤的棺材再加一个外棺，叫椁。当时椁是大夫以上的人才能用的，孔子一生提倡克己复礼，在儿子身上当然不能违背了礼，所以坚决不同意，因此最终孔鲤的葬礼和普通人的一样。这时候孔子被尊为国老，是大夫的身份，但是孔鲤还只是个士，孔子没有越矩，而是严守礼制。

孔子还有一个女儿，已经嫁给了自己的弟子公冶长。孔鲤死后，就只剩下了儿媳。不过不久之后，他的儿媳生下了遗腹子孔伋，这多少给了孔子一点安慰。

孔子在遭受丧子之痛后，迫切地盼望孙子孔伋能够继承他的思想学说。后来，孔伋长大后果真没有辜负爷爷的期望，终成为一代大家。孔伋，就是子思，他的资质比孔鲤好，受教于孔子的高足曾参，后来成为著名的儒学大师。他写的《中庸》一书，成为儒学发展史上从孔子到孟子的桥梁。后人把子思、孟子并称为思孟学派。子思在儒家学派的发展史上占有重要的地位，他上承孔子中庸之学，下开孟子心性之论，并由此对宋代理学产生了重要的影响。因此，北宋徽宗年间，子思被追封为"沂水侯"；元朝文宗至顺元年（1330年），又被追封为"述圣公"，后人由此而尊他为"述圣"。

孔子的思想以人为本，强调人与人的血缘关系，即人伦。他把最基本的人伦关系分为五种：君臣之忠、父子之敬、夫妻之爱、兄弟之悌、朋友之信，强调一个人必须有教养、有礼仪。这其中，家庭关系是儒家宗旨的核心，因为如果一个人在家里是一个好儿子、好兄弟、好丈夫，他的其他社会活动自然也会因循这种良好的家教。所以，孔子是讲要热爱家庭、回归亲情的。

现在儿子死了，怎能不让孔子痛心？他一下子老了。

就在这时，又传来弟子冉耕病重的消息。

冉耕，字伯牛，比孔子小七岁，出身贫寒之家，是较早跟随孔子学习的弟子之一。他为人正派，善于待人接物。在孔子弟子中，以德行与颜渊、闵子骞并称。孔子对冉耕十分器重，其任鲁国司寇时，冉耕曾为中都宰。后来，冉耕一直在清贫自守中埋头读书，致力于学问，过着安贫乐道的生活。

孔子决定亲自去看望这位弟子。这时候，有学生告诉他："伯牛患的是很可怕的病，一般人对这种病人唯恐躲避不及，先生就不必去看他了。"冉耕得的是麻风病，那时候的人还不能够了解和医治这种病，所以只是称为恶疾。因为麻风病是一种慢性接触性传染病，传染后，会造成毁容、肌体或神经损害，最后死亡，大家都非常害怕这种病。

孔子坚持要去，他说："伯牛和我师生一场，有着很深的感情，他临死前我不去与他见上一面，会终身遗憾的。恶疾不恶疾，也就管不了那么多了。"

在孔子的坚持下，他们一行来到冉耕居住的一座孤零零的茅屋前。原来冉耕把自己关在屋里不出门，也拒绝见任何人，一日三餐都由别人送去，从门缝里塞进去。孔子走上前，轻声说："伯牛，快开门，我们大家看你来了！"

冉耕不肯开门，他说："老师啊，这种病很可怕，我不想见任何人，这门我是不能开的！老师，我今生今世感谢您的教诲，在九泉之下也为您老人家祝福！"孔子哭了，他要冉耕从窗户里伸出手来，从窗外紧紧握住冉耕的手，悲痛异常，望天长叹道："这都是命啊！这样的好人竟患了这样的病，这样的好人竟患了这样的病！这都是命啊！"冉耕与孔子见面后不到几天，就去世了。

▶ 爱徒之死

颜回，字子渊，也称颜渊，后世也有称"颜叔""颜生"。他大约生于公元前521年，死于公元前481年，小孔子三十岁。颜回是孔子弟子中"贤人七十"之首，宋代以前，颜回的名字往往与孔子合称为"孔颜"。孔子曾经赞扬子贡，说他是"告诸往而知来者"的聪明人。但孔子问子贡他和颜回谁更强时，子贡自称不如，说颜回是闻一以知十，而自己不过闻一以知二。孔子听了也说，我赞成你说的你比不上他的观点。

颜回在谈论自己的志向时，明确表示他愿意不夸耀自己的长处，不表白自己的功劳。孔子在和鲁哀公谈论学生中谁好时，赞扬颜回"不迁怒，不贰过"，意思是，不把怒气发泄到别人身上，不犯同样的错误。孔子还把颜回和其他弟子比较，说他的思想能够长期不离开仁德，而其他弟子只能在短时间内想到仁德。

颜回和孔子不仅是师生关系，更是知音关系。孔子出游列国时被囚禁在匡地，颜回落后了，后来赶到时，孔子不无欣慰与忧虑地说："我以为你死了呢！"颜回既安慰孔子又尊敬地说道："老师还活着，我怎么敢死呢？"而现在颜回年纪轻轻就丢下老师先去世了。

孔子一直把颜回当作自己的儿子，当成自己的传人，把他许为自己"德行"科最优秀的学生。颜回家道贫寒，长年过着极其简单的生活。孔子常称赞颜回甘愿过清贫的生活,说他一小竹筐饭、一瓢水,住在简陋的巷子里,忍受着别人无法忍受的清苦,却始终很开心。

颜回的死对孔子的打击特别大。听到颜回的死讯,孔子哭得非常伤心,他拍着自己的胸口说:"这是老天爷要我的命呀!这是老天爷要我的命呀!"他的弟子们怕他一大把年纪,哭坏了身体,都劝他不要伤心,孔子说:"我不为这样的人悲伤,还为什么人悲伤呢?"他还感叹道:"可惜啊,我只见到过他进步,没有见到他停止下来,今天他停止了前进的脚步了。"

颜回的父亲和孔子的弟子都想以较隆重的礼节安葬颜回,颜回的父亲提出要在颜回的棺材外面加一个椁,并要孔子把自己的车卖了替颜回置办棺椁,但孔子拒绝了,他说孔鲤死后也没有加椁,加椁是有违礼仪的。最终孔子的弟子因为对颜回的尊敬,依然以厚礼埋葬了颜回。孔子心知这违背了礼节,无可奈何地说:"颜回视我如父亲,我却未能视他如自己的儿子。唉,这过错不在我,是那些弟子们干的呀!"当年孔子的儿子孔鲤死时,也是薄葬的。孔子要以薄礼安葬颜回,恰恰是把他当成自己的儿子。而弟子们的行为反而违背了他的本意,假如颜回还活着,一定会反对这种行为的。

颜回的死给了孔子很大的打击,他更显衰老了。

第二年,鲁哀公十五年(公元前480年),子路的死给了孔子致命一击。

子路姓仲,名由,字子路,只比孔子小九岁。子路年轻的时候不学好,性情鲁莽,头戴鸡冠样的帽子,披着一件猪皮外套,打扮得非常酷。他仗着有些力气,还上门欺负过孔子。但是孔子以礼对之,使子路折服了,子路从此痛改前非,改穿儒服,经人介绍,投到孔子门下,做了孔子的弟子。子路勇武过人,经常为孔子驾车,事实上成了孔子的保镖。

子路性格爽直,为人勇武,忠于职守,他行事光明磊落,重朋友，讲信义，是孔子门徒中个性突出的一位。他对孔子的言行，虽然常提出意见，但却是个好弟子。在能力上，以擅长"政事"著称，曾做过季氏宰，也做过卫国蒲邑的大夫，还做过卫国大夫孔悝的邑宰。

子路以武勇自许，孔子多次对他因势利导，抑止他的血气之刚。子路最后死得其所，成为仁者之勇的楷模。

子路和孔子周游列国回来后，被卫国的大夫孔文子邀请去做了蒲邑的大夫。孔文子死后，他的儿子孔悝继位。孔悝的母亲是外逃的老太子蒯聩的姐姐，姐弟二人在孔文子死后就联合起来，要和卫出公争夺国君的位置。这时候卫出公已经在位十二年了，孔悝就不愿意再起干戈。但是，老太子蒯聩偷偷潜回蒲邑，和他的姐姐一起，把蒲邑变成了反攻卫出公发动政变的基地，然后突然发难，打了卫出公一个措手不及，卫出公只好出逃鲁国。蒯聩终于从儿子手里夺回了国君位，后来称为卫庄公。

蒯聩因为孔悝反对他的政变，就把这个外甥武力挟持了起来。子路听到这个消息后，立刻赶去救孔悝。在路上碰见师弟子羔（高柴），子羔说城门业已关闭，事情无可挽回，不必前去送死。但子路不听，他说既然吃人家的饭，就要帮忙帮到底，哪有这个时候逃脱的，所以一个人往乱城中冲去。

孔子听说卫国政变，马上和弟子们说："哎！你们的大师兄仲由这次死定了。"孔子解释说："子羔为人圆滑，碰到这种事情肯定能逃脱，而子路仗义好勇，在这种时候，肯定不会顾及自己的生命而要行侠仗义的。"

果然，仲由为了救孔悝而与蒉聩的家臣展开搏斗，在与敌人打斗的过程中，子路的冠缨（系帽子的带子）被砍断了。子路说："君子就是死，也不能不戴冠啊。"便停下手来，把冠缨结上。敌人就在这时把他砍成了肉酱。子路死时六十三岁。

当时的士人一致认为"君子死不免冠"，也就是说身为君子一旦戴冠了，就必须对自己负责，如果死的时候不戴冠，是失礼的。

子路的死讯传来时，孔子说："老天爷断我的活路啊！"以后吃饭时，看到肉酱就把它盖上，不忍食用。

▶ 圣人长逝

子路死后，孔子大病了一场，他整天处于悲伤之中，昏昏沉沉。有一天，他做了一个梦，梦见自己坐在两根柱子中间，受人祭拜。他知道自己的日子不多了。原来夏人死了停棺在东厢的台阶，那是在主位上；周人死了停棺在西厢的台阶，那是在客位上；殷人死了停棺在堂屋的两柱之间，那是处在宾主之间的位置。孔子是殷人的后裔，所以他知道自己要交代后事了。

弟子们问他："老师，您梦见谁了?"孔子低低地回答说："唉，我真是衰弱得厉害呀，好长时间不梦见周公了。"

孔子天天等着，等着他可以托付后事的人。那天早晨，孔子正手持拐杖，在门前闲坐，子贡来了。孔子看见子贡，虚弱地轻声责怪道："赐，你为何来得这么迟啊？"然后靠在门上，轻声唱起了他生命中最后的那首歌：

泰山坏乎！（泰山要崩塌了呀！）

梁柱摧乎！（梁木要毁坏了呀！）

哲人萎乎！（哲人要凋落了呀！）

唱完，潸然泪下。

子贡听着歌，一种天崩地裂的悲哀直涌上心头。他对老师说："泰山崩坍了，我何所仰望啊！梁柱摧折了，我何所倚仗啊！哲人委顿了，我该怎么办啊！"

孔子说："天下偏离正道很久了，没有一个当政者能够相信我的正道。这些天我老是梦见死去的亲人，我大概快要到他们中间去了吧。有一次，我还梦见自己坐在厅堂的两楹之间，那是殷人死后停灵柩的位置。这也是我快要死的征兆。我死以后，就把我的灵柩停在两楹之间吧！"

孔子临终时所唱的歌，绝不是他对人世的留恋，而是伤感正道在世间没有得到施行。孔子很清楚凝结着他全部心血和理想的《诗》《书》《礼》《乐》等无救于当世，也难施于天下后世，这自然使他产生了巨大的悲哀和忧虑。这种忧虑始终盘踞在他的心头，如今眼看就到临终之时，便化为不断的叹息和最后的歌唱，他伤感自己有着治世之才但是找不到施展的地方。

在颜回死前，师生二人曾有过一次对话。有一天，子贡看见老师面带忧愁，就告诉了颜回，颜回就拿起琴弹起来，唱着欢快的歌。孔子就问颜回："你为什么独自快乐？"颜回说："你为什么独自忧愁？"孔子说："先说说你的意思。"颜回答道："我过去听老师说，'乐天知命故不忧'。这就是我快乐的原因。"孔子想了一会儿，说："这不过是我从前的言论罢了，现在我对你说实话吧。你只知道乐天知命无忧，还不知道乐天知命也有很大的忧虑呢！……从前，我修订《诗》《书》《礼》《乐》，准备用它来治理天下，遗留后世，并不仅仅为了个人的修身，也不是仅仅为了治理鲁国。但鲁国的君臣之道日渐丧失等级秩序，仁义越来越衰落，人情越来越淡薄。我的道在我活着的时候都无法在一个国家推行，更何况死后施于后世天下呢？于是，我才明白《诗》《书》《礼》《乐》无救于治乱，但又不知道改革它的方法。这就是乐天知命也有很大忧虑的原因啊。"

"乐天知命有忧之大"，这就是孔子最后哀伤的原因吧。孔子自知死期将至，自伤道之不行，感慨深长。一个有着远大理想的人，在快要离开这个世界之时，如果理想没有实现，又看不到实现的希望，定是非常悲哀的。

七天之后，孔子离开了人世。这是鲁哀公十六年（公元前479年）四月，孔子终年七十三岁。孔子死时，他的弟子基本在场，他的儿媳、孙子也都在他的身边。孔子的死讯一传出，立刻传遍了鲁国。

鲁哀公亲自来祭奠孔子并作悼词说："上天没有怜悯之心，不肯暂时留下这位国老，以保障我的君位，这使我一个人孤零零地悲痛。呜呼哀哉！尼父，您的辞世使我失去了效法的榜样！"鲁哀公知道孔子一生都在为帮他而奋斗，所以他对孔子的感情也是很真诚的。他违反礼法，把孔子称为"尼父"，这让主办丧事的子贡很有意见。

子贡说："老师难道不能终老在鲁国吗？用老师的话说，法丧失就会昏乱，名分丧失就会产生过失。丧失了礼法就会昏乱，失去名分就会出现过错。老师活着的时候您不能用他，死了却作祭文哀悼他，这是不合礼仪的。您以诸侯的身份自称'我一人'，也是不合名分的啊！"

子贡一向口才好，他知道老师对当政者的不满，所以在丧礼上揶揄了鲁哀公一顿。

孔子的丧礼由弟子公西赤主持，起先不知道该穿哪个等级的丧服。子贡说："过去老师在处理颜回的丧事时，就像失去了儿子一样，但不穿丧服。在处理子路的丧事时也一样。现在大家参加老师的丧事，应该像对自己的父亲一样悲哀痛悼就可以了，也不必穿丧服，只需在头上和腰间系上麻带就可以了。"这样，孔子的弟子们在他的丧事期间，头上和腰间都扎了麻带。那个时候的风俗习惯是有丧事的，在家里才扎麻带，出门在外就不必了，但是孔子的弟子们坚持在家、出门都扎麻带，以示对老师的悼念。

"世界十大文化名人"之一，儒学创始人

孔子的墓地选择在城北的新林，而不是梁公林他父母的坟墓边。原来孔鲤死的时候，按照礼俗，父母在，子少亡，不得入老林，家人便把孔鲤暂时埋在了城北。而埋孔鲤的地方，原是周公看好的林地，后来因周公死后埋在了尧王林里，所以这块地就闲了下来。孔子在生前就交代过，说自己死后就葬在这里，离他的儿子孔鲤不远的地方。于是有了"周占尧王墓，孔占周家林"的说法。

弟子和家人们遵照孔子的遗愿，墓室不放殉葬品，每人各抓一把土把坟头堆好，并且在墓地周围陆续栽种了许多树木，以寄托自己的思念之情。他们在墓地周围建造房屋居住，为孔子守丧三年。因为孔子一生桃李满天下，弟子无数，所以在墓旁居住的就有一百多家，形成了一个规模不小的村镇，后人把那个地方叫作"孔里"。

三年丧期服满，弟子们又举行了一次祭奠仪式，大家相对而哭，然后向老师告别。只有子贡留了下来，继续守墓三年。

名人名言·坚韧

1. 天下无难事,唯坚忍二字,成功之要诀。

   ——黄 兴

2. 做一件事,无论大小,若无恒心,是很不好的。而看一切太难,固然能使人无成,但若看得太容易,也能使事情无结果。

   ——鲁 迅

3. 成大事不在于力量的大小,而在于能坚持多久。

   ——[英]约翰生

4. 艰难的环境一般是会使人沉没下去的,但是,有坚强的意志,积极进取的人,却可以发挥相反的作用。

   ——郭沫若

5. 伟大的事业是根源于坚韧不断的工作,以全部精神去从事,不避艰苦。

   ——[英]罗 素

6. 忍耐虽然痛苦,果实却最香甜。

   ——[伊朗]萨 迪

7. 唯坚韧者始能遂其志。

   ——[美]富兰克林

8. 忍耐虽然痛苦,果实却最香甜。

   ——[伊朗]萨 迪

9. 所有坚韧不拔的努力迟早会取得报酬的。

   ——[法]安格尔

10. 冰山在海里移动很威严壮观,这是因为它只有八分之一露出水面。

    ——[美]海明威

第九章

Kongzi

思想长存

与朋友交，言而有信。

——〔春秋〕孔子

▶ 孔门十哲

孔子讲究因材施教，所以他对弟子们是非常了解的，他对弟子的评价也是非常深刻的，对于其中他最得意的十个弟子，他是这样说的："从我于陈蔡者，皆不及门也。德行：颜渊、闵子骞、冉伯牛、仲弓；言语：宰予、子贡；政事：子有、子路；文学：子游、子夏。"这十个弟子，后世称之为"孔门十哲"。

颜回（前521—前481），字子渊，即颜渊，又称颜子，比孔子小三十岁，是孔子最得意的学生，孔子七十二门徒之首，孔门十哲德行科的高才生，孔门弟子中德行修为最高的人，所以得到了特别的尊重。

颜回出身贫贱，一生没有做官。孔子赞叹说："颜回真是难得啊！用一个竹筒吃饭，用一个瓢喝水，住在陋巷里。要是一般人，一定忧烦难受，可颜回却安然处之，没有改变向道好学的乐趣！"颜回安贫乐道的精神被后世传为佳话。

颜回敏而好学，能闻一知十，他主张为人要谨慎、克己，多注意自己的行为是否正确，而不应该严以待人。颜回不是因智慧才华而出众，而是以德行修为取胜。他曾说我不炫耀自己的长处，有功劳，也不夸耀。

颜回才二十九岁，头发就全白了，他有才无寿，四十岁就死了。颜回死时，孔子哭得很伤心，说道："自从我得了颜回以后，弟子们就更加亲和向学了。""他发怒了，很快就会消解，从不把愤怒转移到别人身上；有了错误，马上改正，绝不再犯。可惜他短命去世了，现在就没有这样好学的人了。"

闵损（前536—前487），字子骞，比孔子小十五岁，以德行高超和老成持重著称，尤其以孝行超群闻名于世。

闵损幼年丧母，一度受继母虐待，生活艰苦，这养成了他寡言少语、老成持重的性格，孔子评论他说："夫人不言，言必有中。"有一次，鲁国要役使民众翻修仓库，闵损说："修理一下不行吗？为什么一定要大翻修呢？"一言中的。

闵损是孔子弟子中唯一明确主张不做官的人。季氏曾派人去请他出任费邑宰，他却要来人替他婉言推辞，并说："如果再来召我的话，那我就出国去了。"有一个时期，晋国、楚国都想以高官厚禄诱使闵损去干有损仁德的事，都被他断然拒绝了。

闵损的思想品行，对后世有过许多影响，而以"孝行"最大。历代王朝在提倡孝悌为本的时候，就会把闵损的地位抬得很高。

闵损的继母对他不好，他却坚守孝道，独自承受下来。冬天做棉衣，继母给其两个亲生儿子絮丝棉，而给闵损絮芦花。闵损冻得拉车时常掉绊绳。他的父亲不了解真相，因此便常鞭打他。后来，他的父亲终于得知继母虐待他，一怒之下，要赶走继母。这时，闵损却连忙替继母求情，劝父亲道："母在一子寒，母去三子单。"因为后母生了两个孩子，如果后母被赶走了，那么两个孩子就没人照顾了。他的孝行感动了父母，也深得远近之人的赞赏。孔子也说："孝哉闵子骞！人不间于父母昆弟之言。"

冉耕（约前544—?），冉氏，名耕，字伯牛，比孔子小七岁，鲁国人，为人正派，善于待人接物，以德行与颜渊、闵子骞并称。后来，冉耕患了麻风病，不愿意见人。孔子去探望他的时候，只能站在窗外面握着他的手，叹息着说："如果没有希望的话，也是天命啊！这样的好人，竟然会染上这种恶病！"

冉雍（前531—?），字仲弓，与冉耕（伯牛）、冉求（子有）皆在孔门十哲之列，世称"一门三贤"，当地人称为"三冉"。冉雍乃周文王之后，家里贫穷，以放牧为业。他曾做过季氏私邑的长官，为政"居敬行简"，主张"以德化民"。冉雍在季氏那里做了三个月的官，虽然季氏对他很礼貌，但是不能完全听取他的意见，他就辞职了。冉雍在孔门弟子中以德行著称，孔子对其有"雍也可使南面"之誉。

冉求（前522—?），字子有，亦称冉有。鲁国人，小孔子二十九岁。冉求多才多艺，性情稳重，长于政事。

冉求在青年时期曾做过季氏的家臣，公元前487年率左师抵抗入侵齐军，并身先士卒，以步兵执长矛的突击战术指挥军队取得了胜利，又趁机说服季康子迎回了在外流亡十四年的孔子。他帮助季氏进行田赋改革，聚敛财富，受到孔子的严厉批评："季氏富于周公，而求也为之聚敛而附益之。子曰：'非吾徒也。小子鸣鼓而攻之可也。'"后随孔子周游列国。孔子晚年归隐鲁国，受到冉求很多的照顾。

孔子称赞其才可于千户大邑，百乘兵马之家，胜任总管职务。有一回孟武伯（孟懿子的儿子）问孔子说："冉求是否能够处理政事?"孔子就回答说："求也，千室之邑，百乘之家，可使为之宰。"就是说，冉求可以在诸侯国当邑宰，或在卿大夫家里当家臣。

冉求天性比较稳重，所以孔子鼓励他要勇于行动。

子贡（前520—前456），即端木赐，姓端木，名赐，字子贡，比孔子小三十一岁，卫国人。孔子称子贡为"瑚琏之器"。他口才很好，善于雄辩，办事通达，最善于搞外交活动。子贡曾在齐、吴、越、晋诸国间游说，使吴国攻齐，从而保全了鲁国。他还善于经商之道，曾经经商于曹、鲁两国之间，富致千金，为孔子弟子中首富。孔子死后，子贡守墓六年，师生之情胜过父子。

子贡在学问、外交、政绩、经商等方面都表现出了卓越的才能，他的名声甚至超过了他的老师孔子。当时鲁国的大夫孙武就公开在朝廷说："子贡贤于仲尼。"子贡说："我的那点学问本领，好比矮墙里面的房屋，谁都能看得见，但老师的学问本领则好比数仞高墙里面的宗庙景观，不得其门而入不得见，何况能寻得其门的又很少。正因如此，诸位才有这样不正确的看法。"当时鲁国的另一个大臣陈子禽听到子贡的这通解释,不以为然地说:"子为恭也,仲尼岂贤于子乎?"意思是,你不过是谦恭罢了,难道仲尼真的比你强吗?

子贡多次救孔子于危难。陈、蔡绝粮的时候,情形十分危急,当时孔子门徒个个面面相觑,不知所措。是子贡潜入楚国,使得楚昭王兴师迎接孔子。

司马迁也认为孔子的名声之所以能布满天下,儒学之所以能成为当时的显学,在很大程度上是因为子贡推动的缘故。子贡当年在鲁国、卫国受到器重,出使列国,各国以上宾之礼待之,其地位显赫一时。而且他口才又好,每到一处,在完成使命之后,就要宣讲一番孔子的理论和主张,这对孔子的思想在当时的传播起到了巨大的推动作用。

子路(前542—前480),即仲由,姓仲名由,字子路,比孔子小九岁,鲁国人。被列为孔门四科十哲(政事科)之一。

他家境贫寒,生性豪爽,孔子对他评价很高,说他有才能,千辆兵车的诸侯国,可以让他掌管军政大事。仲由做过鲁国的季氏宰,还做过卫国大夫孔悝的邑宰。

子路经常批评孔子,孔子也常批评他,他闻过则喜,能虚心接受。子路还是孔子的贴身保镖,孔子说:"自从我得到仲由,就没有听到过恶语。"孔子还说:"我的道如果行不通,就乘上小木排到海外去,跟随我的,怕只有仲由吧!"

子我(前522—前458),即宰予,姓宰名予,字子我,也称宰我,鲁国人,小孔子二十九岁。子我能言善辩,被孔子赞许为其"言语"科的高才生,在言语方面排名在子贡前面。曾跟着孔子周游列国,常受孔子派遣,出使齐国、楚国。

宰予遇事有自己的主见,常与孔子讨论问题,很有独到的见解,是孔门弟子中唯一一个敢正面对孔子的学说提出异议的人。他还故意刁难孔子,说:"如果告诉一个仁者,另一个仁者掉进井里了,他应该跳下去救还是不应该跳下去救呢?"孔子认为宰予提的问题不好，说："何为其然也？君子可逝也，不可陷也；可欺也，不可罔也。"认为宰予这是在愚弄人。

宰予有个毛病，就是上课的时候睡觉。孔子对此很恼火，骂他："腐朽的木头无法雕刻，粪土垒的墙壁无法粉刷。对于宰予这个人，责备还有什么用呢？"孔子一度对宰予非常失望，后来渐渐地了解了宰予后，觉得这个学生很不错，就自我批评说"以言取人，失之宰予"，他说："起初我对于人，是听了他说的话便相信了他的行为；现在我对于人，听了他讲的话还要观察他的行为。在宰予这里我改变了观察人的方法。"

子游（前506—前443），即言偃，姓言名偃，字子游，比孔子小四十岁，吴国人。言偃长于文学，孔门十哲文学科的代表之一。他曾在鲁国做官，出任武城的邑宰，极力推行礼乐教化。有一天，孔子路过武城，听到琴瑟歌咏的声音，很高兴，就微笑着对他说："杀鸡何必要用宰牛的刀？"言偃听了回答说："从前我常听老师说'在位的学了礼乐之道，就能爱民，普通人学了礼乐之道，就很容易听从教令，好治理'，我现在就是在实行这样的教化啊！"孔子听后，知道自己说错了话，赶忙对随行的弟子们说："你们听听，他讲得很对。我刚才说杀鸡岂用牛刀，只不过是跟他开开玩笑罢了。"

子夏（前507—?），即卜商，姓卜名商，字子夏，后世又称卜子，比孔子小四十四岁，卫国人。子夏擅长文学，学成后在鲁国做官，为莒父宰。

有一次，他问孔子："'美人轻盈微笑时酒窝多俏丽，黑白分明的眼睛顾盼多动人，再用素粉增加她的美丽啊'这三句诗是指什么？"孔子说："这是说，要画画，得先把底子打好，然后再加上色彩。"子夏说："这不就是说，人先得具有忠信的美德，然后才能再用礼加以文饰吗？"孔子说："启发我心志的要算卜商了，像这样，就可以跟你谈《诗》了。"

子夏不仅有很高的文学水平，也有很高的哲学理论水平，"学而优则仕""死生有命，富贵在天"等名言都是他说的。历史名人李悝、吴起、商鞅都是他的弟子。

孔子去世后，子夏就在西河教学，当时的魏文侯曾奉他为师，向他请教国政之事。子夏的儿子先他而死，子夏哀恸过度，把眼睛都哭瞎了，这件事受到了曾子的批评。

子夏是孔门弟子中有著作传世最多的。相传《论语》是由子夏与仲弓合撰。《毛诗》传自子夏，《诗序》即为子夏作，《仪礼·丧服篇》亦来自子夏。《易传》一卷，也是子夏所撰。汉人徐防又有"诗、书、礼乐，定自孔子；发明章句，始于子夏"的说法。

▶ 其他弟子

孔子的弟子中，除了孔子点名的"十哲"以外，还有一些很有名气的弟子，他们有着很动人的故事。

澹台灭明（前512或前502—?），姓澹台，名灭明，字子羽，孔门七十二贤之一，比孔子小三十九岁，鲁国人。澹台灭明投师孔子门下，孔子见他相貌丑陋而不愿收其为徒。因碍于自己"有教无类"的主张，后来勉强收为弟子。这才发现澹台灭明品德高尚、学风端正，于是感慨地说："以貌取人，失之子羽。"澹台灭明听从孔子的教诲，刻苦学习，并加强自身修养，终于学有所成，跻身于当时的知名学者之列。他到吴国讲学时，门徒多达三百，他还有一套教学管理制度，影响甚大，他及他的门徒构成了当时儒家在南方的一个很有影响力的学派。

传说有一次，澹台灭明身上带了一块价值连城的宝玉渡河，舟至河心，忽有二蛟从波涛中跳出来，想夺宝玉。澹台灭明气愤地说："吾可以义求，不可以力劫。"就挥剑斩二蛟于河内，并将宝玉投入水中，以示自己毫无吝啬之意。他的这种高尚品德影响了一代又一代的鲁人。

曾参（前505—前435），字子舆，鲁国人，孔子的弟子，世称"曾子"。他的父亲曾点（曾晳）是孔子早期的弟子之一。曾参十六岁拜孔子为师，他勤奋好学，性情沉静，举止稳重，为人谨慎，待人谦恭，以孝著称。齐国想聘请他为卿，他因要在家孝敬父母，辞而不就。

他提出"吾日三省吾身"的修养方法，即"为人谋而不忠乎？与朋友交而不信乎？传不习乎？"相传他著述有《大学》《孝经》等儒家经典，后世儒家尊他为"宗圣"。

孔子的孙子孔伋就拜他为师，后来又教授孟子。因此，曾参上承孔子之道，下启思孟学派，对孔子儒学学派的思想既有继承，又有发展和建树。

"啮指痛心"的故事说的就是曾参。曾参入山打柴，家里来了客人，母亲不知所措，就用牙咬自己的手指。曾参忽然觉得心疼，背起柴迅速返回家中，跪问缘故。母亲说："有客人忽然到来，我咬手指让你知道。"曾子是著名的孝子，因此对母亲传出的讯息有着很强的感知力。

巫马施（前521—?），姓巫马，名施，字子旗，亦称巫马旗、巫马期。以勤奋著称。他继宓子贱之后在单父这个地方做行政长官，把单父治理得可与宓子贱执政时相媲美。他不会像宓子贱那样以礼乐教人，就事必躬亲，披星戴月地做，终于取得了很好的成绩。

南宫适（kuò），姓南宫，名适，又名韬，字子容，亦称南宫括、南容。他言语谨慎，崇尚道德，曾问孔子："有人擅长射箭，有人擅长荡舟，却不一定能够善终；禹、稷亲自耕种却为什么能得到天下呢？"孔子不回答。南宫适退出后，孔子说："这个人真是个君子啊！这个人崇尚道德啊！"后来，孔子就把侄女嫁给了他，这个侄女，就是哥哥孟皮的女儿。

孔子评论南宫适说："国家政治清明，他会被任用；国家政治黑暗，他也不会遭受刑罚和杀戮。"

颛（zhuān）孙师（前504—?），姓颛孙，名师，字子张。陈国人，比孔子小四十八岁。他出身微贱，且犯过罪行。他向孔子学习求取官职俸禄的方法，但是没有当过官，一辈子做学问。孔子死后，他独立招收弟子，宣扬儒家学说，是"子张之儒"的创始人。子张之儒列儒家八派之首。

子张把孔子关于忠、信的教导写在大带上，以示永远不忘。子张在孔门弟子中是忠信的楷模，后人称他有"亚圣之德"。他鄙视品德修养低下者，认为缺乏道德，行为不坚强，信仰不坚定的人有了不为多，没有不为少。他与人交往宽宏豁达，喜欢同比自己贤能的人交朋友，他在与朋友相处的过程中能做到不计较过去的恩怨，即使受到别人的攻击、欺侮也不计较，故被称为"古之善交者"。他办事勇武，随孔子周游列国时，曾被困于陈、蔡，于是提出，士看见危险应该肯豁出生命。他生活上不拘小节，不讲究外观礼仪，不追求衣冠整洁美观。

公西赤（前509—?），姓公西，名赤，字子华，亦称公西华，鲁国人，小孔子四十二岁。在孔子弟子中，公西赤以长于祭祀之礼、宾客之礼著称，且善于交际。子华出使齐国，冉求为他的母亲向孔子求取粮食。孔子说："给她一釜。"冉求请求增加，孔子说："那就给她一庾。"冉求给了她五秉粮食。孔子说："公西赤到齐国去，坐的是肥马拉的车子，穿的是又轻又暖的裘皮衣裳。我听说，君子是要救济紧急需要的穷人而不是为他增加财富。"

樊须（前515—?），姓樊名须，字子迟，也称为樊迟，比孔子小四十六岁，鲁国人，也有人说他是齐国人。在未拜孔子为师之前，已在季氏宰冉求处任职。孔子回鲁后拜师。他有谋略，并具有勇武的精神。鲁哀公十一年（公元前484年）齐师伐鲁，冉求率一支部队御敌。冉求认为樊迟能服从命令，就让他当副手。鲁军不敢过沟迎战，他建议冉求带头，冉求听从了他的意见，结果鲁军大获全胜。

他有很强的求知欲，三次向孔子请教"仁"的学说。有一次，他向孔子请教种庄稼的方法，孔子说，"我不如老农民"。樊迟就请教种菜的方法，而孔子又说，"我不如老菜农"。樊迟离开以后，孔子批评说："小人哉，樊须也。上好礼，则民莫敢不敬；上好义，则民莫敢不服；上好信，则民莫敢不用情。夫如是，则四方之民襁负其子而至矣，焉用稼？"

公冶长（前519—前470），公冶氏，名长，字子长、子芝。齐国人，亦说鲁国人，是孔子的女婿。他自幼家贫，勤俭节约，聪明好学，德才兼备。他有一个特长，就是会鸟语，并因此而无辜获罪。孔子说："公冶长虽在缧绁之中，非其罪也。"并将女儿许给他为妻。公冶长一生治学，鲁君多次请他担任大夫，但他一概不应，而是继承孔子遗志，教学育人，成为著名文士。

高柴（前521—前393），名高字柴，字子羔，又称子皋、子高、季高，比孔子小三十岁，齐国人，他的儿子改姓柴，是柴氏的祖先。

高柴身高不满五尺，孔子认为他憨直忠厚。子路在季氏那里任职，举派高柴去做费邑宰。孔子怕他不能胜任，说："这是害了人家的儿子啊！"但实际上他很有政治活动的能力，在孔子的弟子中，他担任的官职最多，曾为费宰、武城宰、成邑宰和卫之士师等。卫国政变时，就是他劝说子路不要进城，以免白白送了性命。

高柴以尊老孝亲著称，拜孔子为师后，从未违反过礼节。他任卫国狱吏时，为官清廉，执法公平，而且有仁爱之心，受到孔子的赞扬。

原宪（前515—?），字子思。他出身贫寒，一生安贫乐道，不肯与世俗合流，是孔门中另一个淡泊名利的代表人物。孔子为大司寇时，他曾做过孔子的家臣，孔子给他九百斛的俸禄，他推辞不要。

孔子死后，原宪隐居卫国，生活极为清苦。这时候，子贡做了卫国的国相，有一天来看望原宪。子贡见他穿得破破烂烂的，就说:"难道你很困窘吗?"原宪回答说:"我听说,没有财产的叫作贫穷,学习了道理而不能施行的叫作困窘。像我,是贫穷,而不是困窘啊。"子贡感到很惭愧,一辈子都为这次说错了话而感到羞耻。

▶ 孔子的影响

孔子于鲁哀公十六年(公元前479年)去世,当时轰动一时,然而各国诸侯很快就忙于战争、忙于敛财去了,孔子似乎被人遗忘了,但那只是假象,一个伟人,一种伟大的思想,是不会这样消亡的。孔子的精神对后世产生了深远的影响,尤其是他的思想,经过儒家传人改造过后适应了社会的需要,还被确立为统治思想,孔子的社会政治思想和伦理观念则成为构建中华民族心理的重要内容之一,融汇到了民族的血液中。

孔子在政治上强调以民为本,反对苛政和任意刑杀;在伦理道德上强调和谐的人际关系。他要求人们注意自我修养、尊老爱幼、尊师重贤、富有爱心、言必行、遵守社会公德,学习上不耻下问、温故知新,处世上积极进取等,这都体现出了他在治国和社会生活上的深刻智慧和伟大价值,其思想精华是对世界文明的贡献,也为现代文明提供了可以汲取的营养。

孔子个人在后世越来越受到追捧,甚至被上升到了神的高度。从各个时期的统治者给他的封号便可见一斑。西汉元始元年(公元1年),汉平帝封为褒成宣尼公;东汉永元四年(92年),汉和帝封褒尊侯;北魏太和十六年(492年),北魏孝文帝封文圣尼父;隋朝开皇元年(581年),隋文帝封先师尼父,"先师"出自《礼记·文王世子》"凡学,春官释奠于其先师,秋冬亦如之。凡始立学者,必释奠于先圣先师";唐朝武德七年(624年),唐高祖封先师；唐朝贞观二年（628年），唐太宗封先圣；唐朝贞观十一年（637年），唐太宗又尊称宣父；武周天绶元年（690年），武则天封隆道公；唐朝开元二十七年（739年），唐玄宗封文宣王；宋朝大中祥符元年（1008年），宋真宗封玄圣文宣王；西夏人庆三年（1146年），西夏仁宗封文宣帝；明朝嘉靖九年（1530年），明世宗封至圣先师；清朝顺治二年（1645年），清世祖封大成至圣文宣先师；清朝顺治十四年（1657年），清世祖再封至圣先师。

伟大的史学家司马迁评论孔子说："《诗》中有这样的话：'像高山一般令人瞻仰，像大道一般让人遵循。'虽然我不能达到这种境地，但是心里却向往着他。我读孔子的学说，可以想象到他的为人。到了鲁国，参观了孔子的庙堂、车辆、衣服、礼器，看见了读书的学生们按时到孔子家里演习礼仪的情景。我怀着崇敬的心情徘徊留恋，不愿离去。自古以来，天下的君主以及贤人也够多的了，他们活着的时候都显贵荣耀，可是死了就什么都没有留下。孔子是一个平民，他的名声和学说已经传了十几代，读书的人却仍然尊崇他为宗师。从天子公侯一直到全国谈六艺的人，都把孔子的学说作为判断衡量的最高标准，可以说孔子是至高无上的圣人了。"

孔子个人是伟大的，他的思想也是伟大的。

孔子死后，他的弟子们分散到各地，以讲学或做官的方式把孔子的思想继承下来和发扬起来。因为孔子思想的博大精深，到战国时代，儒家已经有八派之多，可见孔子思想之博大。这八派是子张氏之儒、子思氏之儒、颜氏之儒、孟氏之儒、漆雕氏之儒、仲良氏之儒、孙氏之儒和乐正氏之儒。其中对后世影响最大的，是以子思、孟轲（即孟子）为首的思孟学派和以荀况为代表的孙氏之儒。

孔子的孙子孔伋以《中庸》一书发表了孔子的"中庸"理论，成为连接孔子与孟子的桥梁。孔伋的学生孟轲发展了孔子"仁"的理论，提出了一整套救世的"仁政"学说。他对人性进行探索，提出了著名的"性善论",还把"仁"具体地落实到了"富贵不能淫,贫贱不能移,威武不能屈"的境界上。孟子是继孔子之后影响最大的儒家大师之一,被后世尊为"亚圣"。孔孟之道也因而成为传统儒学的代名词。在中国,儒学作为统治思想存在了两千多年,深深地融入了中国民族的血液里,对中国社会的发展产生了巨大而深远的影响。

孔子的学说本来就是中华文化的集大成者。秦朝以法家学说治天下,西汉武帝前推行黄老之术而以"无为"治国。汉武帝时董仲舒提出"罢黜百家,表章六经",确立了孔子学说在中华文化中的正统地位,孔子也因此成为中华文化的代表人物。历史学家钱穆先生说:"孔子为中国历史上第一圣人。在孔子以前,中国历史文化当已有两千五百年以上之积累,而孔子集其大成。在孔子以后,中国历史文化又复有两千五百年以上之演进,而孔子开其新统。在此五千多年,中国历史进程之指示,中国文化理想之建立,具有最深影响的最大贡献者,殆无人堪与孔子相比伦。"

孔子的学说不仅影响着中国,而且很快被传到了中国周边地区,朝鲜半岛、日本、越南等地都受到了深远的影响,这些地方和中华大地一起形成了东亚儒家文化圈。

远在公元前 3 世纪,孔子思想就传到了朝鲜。三国(高句丽、新罗、百济)时,儒学得到较全面、普遍的传授。高句丽在小兽林王二年(372 年)"立太学教育子弟",从中央到地方,都以教授儒学为主。新罗统一高句丽、百济后,于 682 年设立"国学",教授《论语》《毛诗》《尚书》《周易》《春秋》《礼记》等儒家经典,几代国王亲临"国学"听讲。新罗于 788 年仿唐科举制度,以儒学为标准选拔人才,"国学"中供奉孔子。从中央到地方政府官员都由儒者担任,儒家的政治、伦理思想得以贯彻和实现。儒学的广泛传播不仅影响到高丽王朝的政治、经济和文化教育,更重要的是影响了它的道德观念。在这里,"三纲五常"被视为天定的秩序,孝子孝孙、贞节烈妇受到了国家的大力表彰。1392 年李氏朝鲜王朝建立以后，孔子思想在李朝达到鼎盛时期。

隋唐时期，孔子思想大量传至日本。646年，日本推行的大化革新是以孔子思想为指导，以中国唐朝的政治经济制度为样板的封建化的社会改革运动。日本仿照唐朝国子监设立大学寮（liáo），以儒家经典《周易》《尚书》《周礼》《仪礼》《礼记》《春秋左氏传》《毛诗》《论语》等作为学校的必读教材。到江户时代，儒学成为日本的官学，从中央到地方，从官学到私学，从高等教育到初等教育、女子教育、幼儿教育，从学校教育到社会教育，无不以儒学为内容。直到今天，虽然日本人接受了大量的西方文化，接受了西方的民主、价值观、伦理道德和生活方式，但我们仍可以从一些社会现象或鲜明的事例中看到日本人身上所渗透的儒家的伦理道德观念。

早在秦汉时期，儒学便随着汉字以及中国文化传入越南，并开始发挥影响力。自10世纪至15世纪，儒学在越南的地位不断得到巩固提升。自15世纪黎朝起，儒学的地位开始超过佛道两家，成为主体性的思想，这种状况一直延续到19世纪。

孔子的思想不仅影响了东亚儒家文化圈，还走向了世界，尤其是在现代，受到了前所未有的重视，孔子被推举为世界十大思想家之首。

孔子思想传入西方是在十六七世纪，利玛窦来到中国后率先用儒学解释基督教义，并将《四书》翻译成拉丁文。孔子思想首先在西方引起强烈反响的地方是法国。法国启蒙思想家伏尔泰对孔子思想十分推崇，他慨叹道："我们不能像中国人一样，真是大不幸。"在《哲学辞典》中，他列举了孔子的七句格言，然后写道："东方找到一位智者……他在公元前六百余年便教导人们如何幸福地生活。"雅各宾派的著名领袖罗伯斯庇尔起草的《人权宣言》中就引用了孔子的格言"己所不欲，勿施于人"。

孔子思想在十七八世纪传入德国，对德国的启蒙思想家产生了很大的启迪作用。莱布尼茨的二元算术和《易经》暗相吻合，他由衷地赞美儒学，公然宣称在道德和政治方面，中国人优于欧洲人。

英国人则称孔子是"无冕皇帝"，而且李约瑟博士主持编写的《中国科学技术史》也对孔子和儒家学说提出了不少独到的见解。

儒学传入美国的时间比较晚，但是得到的评价却非常高。"朝闻道，夕死可矣"，"名不正则言不顺"这些儒家名言一再被引用，孔子个人也被誉为"哲学上的华盛顿"。在当代，除了中国，美国的儒学研究已走在了世界的最前列。

1988年，七十五位诺贝尔奖获得者在法国巴黎发表宣言："如果人类要在21世纪生存下去，必须回到两千五百年前去汲取孔子的智慧。"2005年9月28日举行了全球首次联合祭孔，参加祭典的澳大利亚墨尔本大学教授安黛丽·霍尔说："儒家思想的精要之语对世人可以起到警醒作用，儒家的一些价值观念正在融入世界文化的主流。"

到了21世纪，人类的发展进入了新的纪元，面临着许多新的挑战。在世界各民族文化交流加强的大环境下，孔子学说也必将融入到世界文明发展史中，发挥新的作用，为建立一个和平、富强的新世界做出贡献！

名人名言·机遇

1. 机不可失，失不再来。

　　　　　　　　　　　——〔唐〕张九龄

2. 当取不取，过后莫悔。

　　　　　　　　　　——〔元末明初〕施耐庵

3. 只有愚者才等待机会，而智者则造就机会。

　　　　　　　　　　　——［英］培　根

4. 谁若是有一刹那的胆怯，也许就放走了幸运在这一刹那间对他伸出来的香饵。

　　　　　　　　　　　——［法］大仲马

5. 善于捕捉机会者为俊杰。

　　　　　　　　　　　——［德］歌　德

6. 机会不会上门来找，只有人去找机会。

　　　　　　　　　　　——［英］狄更斯

7. 人不能创造时机，但是他可以抓住那些已经出现的时机。

　　　　　　　　　　　——［英］雪　莱

8. 如果你因失去了太阳而流泪，那么你也将失去群星了。

　　　　　　　　　　　——［印度］泰戈尔

9. 一个人必须为自己创造机会，就像时常发现它一样。

　　　　　　　　　　　——［英］培　根

10. 福气来了不享，福气走了别怨。

　　　　　　　　　——［西班牙］塞万提斯

名人年谱

孔 子

鲁襄公二十二年（公元前 551 年），孔子出生于鲁国陬邑。

鲁襄公二十三年（公元前 550 年），两岁，孔子在鲁。

鲁襄公二十四年（公元前 549 年），三岁。其父叔梁纥卒，葬于防山（今曲阜东 25 里处）。孔母颜徵在携子移居曲阜阙里，生活艰难。

鲁襄公二十五年（公元前 548 年），四岁，孔子在鲁。

鲁襄公二十六年（公元前 547 年），五岁。孔子弟子秦商生，商字不慈，鲁国人。

鲁襄公二十七年（公元前 546 年），六岁。弟子曾点生，字皙，曾参之父。

鲁襄公二十八年（公元前 545 年），七岁。弟子颜繇生，繇又名无繇，字季路，颜渊之父。

鲁襄公二十九年（公元前 544 年），八岁。弟子冉耕生，字伯牛，鲁国人。

鲁襄公三十年（公元前 543 年），九岁，孔子在鲁。这一年，郑国子产执政，"使都鄙有章，上下有服，田有封洫，庐井有伍。"（《左传·襄公三十年》）郑国大治。后来孔子对子产的政绩评价很高。

鲁襄公三十一年（公元前 542 年），十岁。弟子仲由生，字路，卞人。是年鲁襄公死，其子裯继位，是为昭公。

鲁昭公元年（公元前 541 年），十一岁，孔子在鲁。

鲁昭公二年（公元前540年），十二岁。弟子漆雕开生，字子若，蔡人。

鲁昭公三年（公元前539年），十三岁，孔子在鲁。

鲁昭公五年（公元前537年），十五岁。孔子日见其长，已意识到要努力学习做人与生活之本领，故曰："吾十有五而志于学。"（《论语·为政》）

鲁昭公六年（公元前536年），十六岁。郑国子产铸刑鼎。弟子闵损生，字子骞，鲁国人。

鲁昭公七年（公元前535年），十七岁。孔母颜徵在卒。是年，季氏宴请士一级贵族，孔子去赴宴，被季氏家臣阳虎拒之门外。

鲁昭公九年（公元前533年），十九岁。孔子娶宋人亓官氏为妻。

鲁昭公十年（公元前532年），二十岁。亓官氏生子。据传此时正好赶上鲁昭公赐鲤鱼给孔子，故给其子起名为鲤，字伯鱼。是年，孔子开始为委吏，管理仓库。

鲁昭公十一年（公元前531年），二十一岁。是年，孔子改作乘田，管理畜牧。孔子说："吾少也贱，故多能鄙事。"（《论语·子罕》）此"鄙事"当包括"委吏"、"乘田"。

鲁昭公十七年（公元前525年），二十七岁。郯子朝鲁，孔子向郯子询问郯国古代官制。孔子开办私人学校，当在此前后。

鲁昭公二十年（公元前522年），三十岁。自十五岁有志于学至此时已逾十五年，孔子经过努力在社会上已站住脚，故云"三十而立"（《论语·为政》）。是年，齐景公与晏婴来鲁国访问。齐景公会见孔子，与孔子讨论秦穆公何以称霸的问题。弟子颜回、冉雍、冉求、商瞿、梁鳣生。

鲁昭公二十一年（公元前521年），三十一岁。弟子巫马施、高柴、宓不齐生。施，字子期，陈国人；柴，字子高，齐国人；不齐，字子贱，鲁国人。

鲁昭公二十二年（公元前520年），三十二岁。弟子端木赐生，赐字子贡，卫国人。

鲁昭公二十四年（公元前518年），三十四岁。孟懿子和南宫敬叔学礼于孔子。相传孔子与南宫敬叔适周问礼于老聃，问乐于苌弘。

鲁昭公二十五年（公元前517年），三十五岁。鲁国发生内乱。《史记·孔子世家》云："昭公率师击（季）平子，平子与孟孙氏、叔孙氏三家共攻昭公，昭公师败，奔齐。"孔子在这一年也到了齐国。

鲁昭公二十六年（公元前516年），三十六岁。齐景公问政于孔子，孔子对曰："君君、臣臣、父父、子子。"孔子得到齐景公的赏识，景公欲以尼溪之田封孔子，被晏子阻止。孔子在齐闻《韶》乐，如醉如痴，三月不知肉味。

鲁昭公二十七年（公元前515年），三十七岁。齐大夫欲害孔子，孔子由齐返鲁。吴公子季札聘齐，其子死，葬于瀛、博之间。孔子往，观其葬礼。弟子樊须、原宪生。须字子迟，鲁国人；宪字子思，宋国人。

鲁昭公二十八年（公元前514年），三十八岁。晋魏献子（名舒）执政，举贤才不论亲疏。孔子认为这是义举，云："近不失亲，远不失举，可谓义矣。"

鲁昭公二十九年（公元前513年），三十九岁。是年冬天晋铸刑鼎，孔子曰："晋其亡乎，失其度矣。"

鲁昭公三十年（公元前512年），四十岁。经过几十年的磨炼，孔子对人生各种问题有了比较清楚的认识，故自云"四十而不惑"。弟子澹台灭明生。灭明字子羽，鲁国人。

鲁昭公三十一年（公元前511年），四十一岁。弟子陈亢生。亢，字子禽，陈国人。

鲁昭公三十二年（公元前510年），四十二岁。昭公卒，定公立。

鲁定公元年（公元前509年），四十三岁。弟子公西赤生。赤，字华，鲁国人。

鲁定公三年（公元前507年），四十五岁。弟子卜商生。商，字子夏，卫国人。

鲁定公四年（公元前506年），四十六岁。弟子言偃生。偃，字子游，吴国人。

鲁定公五年（公元前505年），四十七岁。弟子曾参、颜幸生。参字子舆，鲁国人。幸字子柳，鲁国人。

鲁定公六年（公元前504年），四十八岁。季氏家臣阳虎擅权日重，孔子称之为"陪臣执国命"。阳虎欲见孔子，孔子不想见阳虎。后二人在路上相遇。阳虎劝孔子出仕，孔子没有明确表态。此事当在鲁定公五年或鲁定公六年。

鲁定公七年（公元前503年），四十九岁。弟子颛孙师生。师，字子张，陈国人。

鲁定公八年（公元前502年），五十岁。孔子自谓"五十而知天命"（《论语·为政》）。公山不狃（niǔ）以费叛季氏，使人召孔子，孔子欲往，被子路阻拦。

鲁定公九年（公元前501年），五十一岁。孔子为中都宰，治理中都一年，卓有政绩，四方则之。弟子冉鲁、曹坅（qín）、伯虔、颜高、叔仲会生。鲁，字子鲁，鲁国人；坅，字子循，蔡国人；虔，字子析，鲁国人；高，字子骄，鲁国人；会，字子期，鲁国人。

鲁定公十年（公元前500年），五十二岁。孔子由中都宰升小司空，后升大司寇，摄相事。夏天随定公与齐侯相会于夹谷。

鲁定公十一年（公元前499年），五十三岁。孔子为鲁司寇，鲁国大治。

鲁定公十二年（公元前498年），五十四岁。孔子为鲁司寇，为削弱三桓，采取堕三都的措施。叔孙氏与季孙氏为削弱家臣的势力，支持孔子的这一主张，但这一行动受到孟孙氏家臣公敛处父的抵制，孟孙氏暗中支持公敛处父，堕三都的行动半途而废。弟子公孙龙生。龙，字子石，楚国人。

鲁定公十三年（公元前497年），五十五岁。春，齐国送八十名美女到鲁国。季桓子接受了女乐，君臣迷恋歌舞，多日不理朝政。孔子与季氏出现不和，离开鲁国到了卫国。十月，孔子受谗言之害，离开卫国前往陈国。路经匡地，被围困。后经蒲地，遇公叔氏叛卫，孔子与弟子又被围困。后返回卫都。

鲁定公十四年（公元前496年），五十六岁。孔子在卫国被卫灵公夫人南子召见。子路对孔子见南子极有意见，批评了孔子。郑国子产去世，孔子听到消息后，十分难过，称赞子产是"古之遗爱"。

鲁定公十五年（公元前495年），五十七岁。孔子去卫居鲁。夏五月鲁定公卒，鲁哀公立。

鲁哀公元年（公元前494年），五十八岁。孔子居鲁，吴国使人聘鲁，就"骨节专车"一事问于孔子。

鲁哀公二年（公元前493年），五十九岁。孔子由鲁至卫。卫灵公问陈于孔子，孔子婉言拒绝了卫灵公。孔子在卫国住不下去了，便离开卫国向西行，经过曹国到宋国。宋司马桓魋扬言要加害孔子，孔子微服而行。

鲁哀公三年（公元前492年），六十岁。孔子自谓"六十而耳顺"。孔子过郑到陈国，在郑国都城与弟子失散，独自在东门等候弟子来寻找，被人嘲笑，称之为"累累若丧家之犬"。孔子欣然笑曰："然哉，然哉！"

鲁哀公四年（公元前491年），六十一岁。孔子离陈往蔡。

鲁哀公五年（公元前490年），六十二岁。孔子自蔡到叶。叶公问政于孔子，并与孔子讨论有关正直的道德问题。在离开叶返蔡的途中，孔子遇隐者。

鲁哀公六年（公元前489年），六十三岁。孔子与弟子在陈、蔡之间被困绝粮，许多弟子因困饿而病，后被楚人相救。由楚返卫，途中又遇隐者。

鲁哀公七年（公元前488年），六十四岁。孔子在卫，主张在卫国为政先要正名。

鲁哀公八年（公元前487年），六十五岁。孔子在卫。是年吴伐鲁，战败。孔子的弟子有若参战有功。

鲁哀公九年（公元前486年），六十六岁。孔子在卫。

鲁哀公十年（公元前485年），六十七岁。孔子在卫。孔子夫人亓官氏卒。

鲁哀公十一年（公元前484年），六十八岁。是年齐师伐鲁，孔子弟子冉求率鲁师与齐战，获胜。季康子问冉求指挥才能从何而来？冉求答曰"学之于孔子"。季康子派人以币迎孔子归鲁。孔子周游列国十四年，至此结束。季康子欲行"田赋"，孔子反对。孔子对冉求说："君子之行也，度于礼。施取其厚，事举其中，敛从其薄。如是则丘亦足矣。"

鲁哀公十二年（公元前483年），六十九岁。孔子仍有心从政，然不被用。孔子继续从事教育及整理文献工作。孔子的儿子孔鲤卒。

鲁哀公十三年（公元前482年），七十岁。孔子自谓"七十而从心所欲，不逾矩"。颜回卒，孔子十分悲伤。

鲁哀公十四年（公元前481年），七十一岁。是年春，狩猎获麟。孔子认为这不是好征兆，说"吾道穷矣"，于是停止修《春秋》。六月齐国陈恒弑齐简公，孔子见鲁哀公及三桓，请求鲁国出兵讨伐陈桓，没有得到支持。

鲁哀公十五年（公元前480年），七十二岁。孔子闻卫国政变，预感到子路有生命危险。子路果然被害，孔子十分难过。

鲁哀公十六年（公元前479年），七十三岁。四月，孔子患病，不愈而卒，葬于鲁城北。不少弟子为之守墓三年，子贡为之守墓六年。